Öffentliches Recht

2014

W0200410

Hans-Gerd Pieper
Rechtsanwalt und Lehrbeauftragter an der FHöV

Ralf Altevers
Rechtsanwalt und Repetitor

Christian Sommer
Rechtsanwalt und Repetitor

ALPMANN UND SCHMIDT Juristische Lehrgänge Verlagsges. mbH & Co. KG
48143 Münster, Alter Fischmarkt 8, 48001 Postfach 1169, Telefon (0251) 98109-0
AS-Online: www.alpmann-schmidt.de

Pieper, Hans-Gerd
Altevers, Ralf
Sommer, Christian
Öffentliches Recht
5., durchgesehene und aktualisierte Auflage 2014
ISBN: 978-3-86752-337-0

Verlag: Alpmann und Schmidt Juristische Lehrgänge
Verlagsgesellschaft mbH & Co. KG, Münster

Die Vervielfältigung, insbesondere das Fotokopieren der Definitionen,
ist nicht gestattet (§§ 53, 54 UrhG) und strafbar (§ 106 UrhG).
Im Fall der Zuwiderhandlung wird Strafantrag gestellt.

Abdrängende Sonderzuweisung

Zuweisung einer Rechtsstreitigkeit weg vom VG und hin zu einem besonderen Gericht, obwohl eine ör Streitigkeit nicht verfassungsrechtlicher Art gegeben ist. Beispiele: § 51 SGG für sozialversicherungsrechtliche Ansprüche, Art. 34 S. 3 GG für den Amtshaftungsanspruch.

Abhilfebescheid

Entscheidung der Ausgangsbehörde im Widerspruchsverfahren, mit der dem Begehren des Bürgers stattgegeben wird, § 72 VwGO. Ergeht im von der Ausgangsbehörde durchzuführenden Abhilfeverfahren, wenn sie den Widerspruch für zulässig und begründet hält.

Abschiebung

Die zwangsweise Durchsetzung der Ausreisepflicht eines Ausländers gemäß § 58 AufenthG. Dabei wird der Ausländer durch die Anwendung unmittelbaren Zwanges aus der Bundesrepublik Deutschland verbracht.

Abschlusskompetenz

Zuständigkeit, mit anderen Staaten völkerrechtliche Verträge abschließen zu können. Wegen Art. 32 III GG folgt die Abschlusskompetenz grds. den Gesetzgebungskompetenzen, d.h. die Länder sind abschlusskompetent gemäß Art. 32 III GG, der Bund gemäß Art. 32 I GG. Nach der herrschenden gemäßigten ⇨ zentralistischen Theorie darf der Bund aber auch in den Bereichen völkerrechtliche Verträge abschließen, die der ausschließlichen Gesetzgebungskompetenz der Länder unterliegen, wie z.B. Kulturabkommen (a.A. die ⇨ föderalistische Theorie).

---

abstrakte Normenkontrolle

Verfassungsprozessualer Rechtsbehelf, für den auf Bundesebene verschiedene Möglichkeiten bestehen. 1) Normbestätigungsverfahren gemäß Art. 93 I Nr. 2 GG, §§ 13 Nr. 6, 76 I Nr. 2, 77 ff. BVerfGG. 2) Kompetenzkontrollverfahren a) gemäß Art. 93 I Nr. 2 a GG, §§ 13 Nr. 6 a, 76 II, 1. Halbs., 77 ff. BVerfGG. b) gemäß Art. 93 II GG; §§ 13 Nr. 6 b, 97 BVerfGG. 3) Die praktisch größte Relevanz hat das Normprüfungs- bzw. Normverwerfungsverfahren gemäß Art. 93 I Nr. 2 GG; §§ 13 Nr. 6, 76 I Nr. 1, 77 ff. BVerfGG. Der Antrag ist statthaft bzw. das BVerfG ist insofern zuständig, wenn es um Meinungsverschiedenheiten oder Zweifel über die Vereinbarkeit von Bundes- oder Landesrecht jeder Rangebene mit höherrangigem Bundesrecht geht.

---

abstrakte Normenkontrolle vor dem OVG

Verfahren gemäß § 47 VwGO, in dem das OVG auf Antrag über die Gültigkeit bestimmter untergesetzlicher Rechtsvorschriften entscheidet. Gegenstand eines solchen Normenkontrollverfahrens können gemäß § 47 I Nr. 1 VwGO Satzungen sein, die nach den Vorschriften des BauGB erlassen worden sind (insbes. Bebauungspläne); gemäß § 47 I Nr. 2 VwGO andere im Rang unter den Landesgesetzen stehende Rechtsvorschriften. Dies allerdings nur, sofern das LandesR es bestimmt.

Abwägungsausfall

Liegt vor, wenn eine Bewertung des im konkreten Fall relev. Abwägungsmaterials bei Erlass eines Bebauungsplanes überhaupt nicht stattgefunden hat. Wegen § 2 III und § 214 II 2, 1. Halbs. BauGB wird dieser Fehler als Bewertungsausfall und damit als Verfahrensfehler angesehen.

Abwägungsdefizit

Im konkreten Fall planungsrelevante Belange, die nach Lage der Dinge hätten ermittelt werden müssen, sind nicht ermittelt worden und konnten deshalb nicht in die (erfolgte) Abwägung einfließen. Wegen § 2 III und § 214 III 2, 1. Halbs. BauGB werden entsprechende Verstöße als Ermittlungsdefizit und damit als Verfahrensfehler angesehen, die grds. zur formellen Rechtswidrigkeit des Bebauungsplanes führen.

Abwägungsdisproportionalität

Die endgültige Entscheidung über einen Bebauungsplan, das Abwägungsergebnis, nimmt den Ausgleich der widerstreitenden öffentlichen und privaten Belange gemäß § 1 VII BauGB in einer

Weise vor, die zur objektiven Gewichtung der Belange außer Verhältnis steht. Beispiel: Wohngebiet neben Industriegebiet. Dieser Abwägungsfehler führt immer zur materiellen Rechtswidrigkeit bzw. Unwirksamkeit des Bebauungsplanes.

Abwägungs-fehleinschätzung

Bei Erlass eines Bebauungsplanes ist ein gewichtiger Belang im konkreten Fall in seiner Bedeutung zu gering bzw. bedeutungslos im Vergleich zu widerstreitenden anderen planungsrechtlichen Belangen angesehen worden. Wegen §§ 2 III und 214 III 2, 1. Halbs. BauGB wird dieser Fehler als Bewertungsfehleinschätzung bezeichnet, der als Verfahrensfehler grds. zur formellen Rechtswidrigkeit des Bebauungsplanes führt. ⇨ siehe auch Bewertungsfehleinschätzung

---

Abweichungs-gesetzgebung

Möglichkeit der Länder gemäß Art. 72 III GG auf bestimmten Gebieten der konkurrierenden Gesetzgebung abweichende Gesetze zu erlassen, obwohl der Bund von seiner Gesetzgebungskompetenz Gebrauch gemacht hat. Im Verhältnis Bundes-/Landesrecht geht das spätere Gesetz vor, Art. 72 III 3 GG.

---

actus contrarius

Möglichkeit, ein Verwaltungshandeln als Verwaltungsakt zu qualifizieren. Handelt die Verwaltung bei der Gewährung durch Verwaltungsakt, so kann sie auch die evtl. erforderliche Aufhebung des Verwaltungsaktes in dieser Form durchführen (actus contrarius). Die Rückgängigmachung teilt als Kehrseite der Hingabe die Rechtsqualität der Gewährung.

Adressatentheorie

Theorie zur Bestimmung der Klagebefugnis bei dem Adressaten eines ihn belastenden Verwaltungsaktes. Danach ist der Adressat eines belastenden Verwaltungsaktes zumindest möglicherweise in seinem Grundrecht aus Art. 2 I GG verletzt.

---

aktive Wahlrechtsgleichheit

Gewährleistet, dass jede abgegebene Stimme gleich zählt (gleicher Zählwert) und jede Stimme grds. auch den gleichen Einfluss auf das Wahlergebnis bzw. die Verteilung der Mandate haben muss (grds. gleicher Erfolgswert). Ausnahmen zum Grundsatz des gleichen Erfolgswertes sind nur aus zwingenden staatspolitischen Gründen zulässig (z.B. 5%-Sperrklausel in § 6 VI BundeswahlG o. Überhangmandate ohne Ausgleichspflicht in § 6 V 2 BundeswahlG).

---

allgemeine Gesetze

Allgemeine Gesetze i.S.v. Art. 5 II, 1. Fall GG sind Gesetze, die nicht gezielt einen bestimmten Kommunikationsinhalt verbieten, sondern primär dem Schutz eines im Einzelfall höherwertigen Gemeinschaftswertes dienen. Beispiele: §§ 823 I, 1004 BGB.

---

allgemeine Handlungsfreiheit

Das Grundrecht schützt alle Betätigungen oder Lebensbereiche, die nicht einem speziellen Freiheitsrecht unterfallen. Erfasst werden unter anderem Schutz vor Auferlegung von Geldleistungspflichten, Gebot der Unschuldsvermutung (i.V.m. Art. 20 III GG), Rechtsschutzgarantie gegen privatrechtliche Maßnahmen, Schutz von Vertragsfreiheit und Privatautonomie sowie Schutz von Ausländern im Bereich von Deutschen-Grundrechten.

---

allgemeine Leistungsklage

Verwaltungsprozessuale Klageart, durch die der Kläger von dem Beklagten eine Handlung, Duldung oder Unterlassung begehrt, welche gerade nicht im Erlass eines Verwaltungsaktes besteht. Die allgemeine Leistungsklage ist in der VwGO nicht gesondert geregelt, wird aber vom Gesetzgeber in verschiedenen Paragraphen (z.B. § 43 II VwGO) vorausgesetzt und ist deshalb gewohnheitsrechtlich anerkannt.

---

allgemeine Sachentscheidungsvoraussetzung

Zulässigkeitsvoraussetzung einer Klage, die für alle verwaltungsgerichtlichen Verfahren gilt. Dazu gehören z.B. die Zuständigkeit des VG, die Beteiligten- und Prozessfähigkeit und das allgemeine Rechtsschutzbedürfnis.

---

allgemeines Persönlichkeitsrecht (APR)

Das APR ist ein unbenanntes Freiheitsrecht, d.h., es ist im Text des Grundgesetzes nicht ausdrücklich umschrieben. Es schützt die informationelle Selbstbestimmung, die engere persönliche Lebenssphäre (Privat- und Intimsphäre), das Recht des Einzelnen, darüber zu bestimmen, ob und wie er in der Öffentlichkeit in Erscheinung tritt (z.B. Ehrschutz, Recht am eigenen Bild, Recht am eigenen Wort); außerdem enthält es den Schuldgrundsatz sowie den Grundsatz der Selbstbelastungsfreiheit („nemo tenetur"). Das APR ist dogmatisch verankert in Art. 2 I, 1 I GG.

---

allgemeines Rechtsschutzbedürfnis

Allgemeine Voraussetzung der Zulässigkeit einer Klage, wonach eine Klage nur zulässig ist, wenn der Kläger ein schutzwürdiges Interesse an einer Sachentscheidung des Verwaltungsgerichtes hat. Es fehlt insbes., wenn der Kläger sein Begehren einfacher, schneller oder billiger und genauso effektiv erreichen kann.

Allgemeinheit der Wahl

Wahlgrundsatz gemäß Art. 38 I 1 GG (Gleichheitsrecht). Inhalt: Grundsätzlich muss allen Deutschen ab 18 Jahren uneingeschränkt die Möglichkeit offen stehen, zu wählen (aktives Wahlrecht gemäß § 12 BWG) und gewählt zu werden (passives Wahlrecht gemäß § 15 BWG). Erfasst wird auch das Recht des Bürgers oder Parteimitgliedes, Wahlvorschläge zu machen.

Allgemeinverfügung

Verwaltungsakt, der sich an einen nach allgemeinen Merkmalen bestimmten oder bestimmbaren Personenkreis richtet oder die öffentlich-rechtliche Eigenschaft einer Sache oder ihre Benutzung durch die Allgemeinheit betrifft, § 35 S. 2 VwVfG.

Ämterstabilität

Grundsatz, wonach eine einmal vollzogene beamtenrechtliche Ernennung außerhalb der in den Beamtengesetzen vorgesehenen Gründe nicht mehr rückgängig gemacht werden darf (aus §§ 11, 12 BeamtStG bzw. §§ 13, 14 BBG hergeleitet).

Amtsermittlungsgrundsatz

Untersuchungsgrundsatz im Verwaltungsverfahrens- und Verwaltungsprozessrecht, wonach die zuständige Behörde bzw. das Gericht zur umfassenden Sachverhaltsaufklärung verpflichtet ist. Die Ermittlung des entscheidungserheblichen Sachverhalts erfolgt durch die Behörde bzw. das Gericht von Amts wegen und ist grds. unabhängig von dem Vorbringen der Beteiligten. Der Amtsermittlungsgrundsatz ist z.B. niedergelegt in § 24 VwVfG, § 86 VwGO.

Amtshaftung

Haftung des Staates für rechtswidriges und schuldhaftes Verhalten seiner Amtswalter im hoheitlichen Bereich aus Art. 34 GG, § 839 BGB. Der Schadensersatzanspruch ist nach h.M. immer auf Geldentschädigung gerichtet.

Amtspflichtverletzung

Zentrale Voraussetzung eines Amtshaftungsanspruchs. Die Amtspflicht ist jede persönliche Verhaltenspflicht des Amtsträgers in Bezug auf die Amtsführung. Die Amtspflichten können sich aus Gesetz, aus Verwaltungsvorschriften oder auch aus verwaltungsinternen Einzelweisungen ergeben. Die wichtigste Amtspflicht ist die Pflicht zum rechtmäßigen Verwaltungshandeln, sodass eine rechtswidrige Verwaltungshandlung regelmäßig auch eine Amtspflichtverletzung darstellt.

Amtswalter

Beamte, Angestellte oder Arbeiter im öffentlichen Dienst, die zum Inhaber eines bestimmten Amtes bestellt sind und mit der Wahrnehmung der dem Amt zugewiesenen Aufgaben betraut sind.

Anfechtungsklage

Klageart, mit der der Kläger die Aufhebung eines Verwaltungsaktes begehrt, § 42 I, 1. Fall VwGO.

Angemessenheit

Teil des Grundsatzes der Verhältnismäßigkeit. Die Angemessenheit wird auch als Verhältnismäßigkeit im engeren Sinne bezeichnet. Eine Maßnahme ist angemessen, wenn sie nicht zu Nachteilen führt, die zu dem erstrebten Zweck erkennbar außer Verhältnis stehen. Es darf damit kein krasses Missverhältnis zwischen dem Schaden des Einzelnen und dem Nutzen der Allgemeinheit bestehen. Ob eine Maßnahme angemessen ist, wird durch eine Abwägung der betroffenen Rechtsgüter ermittelt (sog. praktische Konkordanz).

Anhörung Möglichkeit für einen Beteiligten des Verwaltungsverfahrens, sich vor Erlass eines belastenden Verwaltungsaktes zu den für die Entscheidung maßgeblichen Tatsachen zu äußern, § 28 I VwVfG. Von der Anhörung kann gemäß § 28 II VwVfG in bestimmten Fällen abgesehen werden, wenn sie nach den Umständen des Einzelfalls nicht geboten ist, z.B. bei Gefahr in Verzug.

Anliegergebrauch Über den Gemeingebrauch hinausgehendes, besonderes Nutzungsrecht des Anliegers einer Straße. Dieser sog. gesteigerte Gemeingebrauch resultiert aus dem Eigentumsgrundrecht des Art. 14 GG. Beispiel: kurzfristige Lagerung von Baumaterialien auf der Straße durch Anlieger.

Annexkompetenz Ungeschriebene Gesetzgebungszuständigkeit des Bundes bei Ausweitung einer ausdrücklich zugeteilten Kompetenz des Bundes auf Fragen, die bei der Vorbereitung und Durchführung einer bestimmten Sachmaterie entstehen. Beachte: Wegen der fließenden Grenzen wird von der h.Lit. die Annexkompetenz nur noch als

Unterfall der Zuständigkeit kraft Sachzusammenhangs (s. dort) angesehen.

Anscheinsgefahr

Es ist nicht nur der handelnde Beamte selbst, sondern auch ein obj. Beamter davon überzeugt, dass von einer bestimmten Sachlage o. einem bestimmten Verhalten eine Gefahr o. Störung ausgeht, obwohl das in Wirklichk. (obj.) nicht der Fall ist.

Anstalt

Organisatorisch verselbstständige Zusammenfassungen von Sachmitteln und Personal, die der Erfüllung einer öffentlichen Aufgabe dienen und die in der Regel dem Bürger zur Benutzung zur Verfügung gestellt werden. Formen: rechtsfähige und nichtrechtsfähige Anstalt, wobei die rechtsfähige Anstalt eine juristische Person des öffentlichen Rechts ist.

Arbeitsplatz

Arbeitsplatz i.S.v. Art. 12 I GG ist der Ort, an dem eine berufliche Tätigkeit konkret ausgeübt wird.

Asylrecht

Recht auf Schutz für politisch Verfolgte i.S.d. Art. 16 a I GG, näher geregelt im AsylVfG. Politisch verfolgt ist, wer wegen seiner Rasse, Religion, Nationalität, Zugehörigkeit zu einer sozialen Gruppe oder wegen seiner politischen Überzeugung Verfolgungsmaßnahmen

AB CD EF GH IJK LM NO PQ RS TU VW XYZ

mit Gefahr für Leib oder Leben oder Beschränkungen in seiner persönlichen Freiheit ausgesetzt ist oder solche Verfolgungsmaßnahmen begründet befürchtet.

aufdrängende Spezialzuweisung

Spezialgesetzliche Rechtswegzuweisung an das Verwaltungsgericht, z.B. § 54 I BeamtStG, § 126 I BBG.

Aufgabenzuweisungen

Weisen bestimmte Aufgaben (z.B. Gefahrenabwehr) staatlichen Organen (z.B. Polizei) oder Behörden (z.B. Ordnungsbehörden) zu. Bei der Prüfung der Zuständigkeit ist regelmäßig die Aufgabenzuweisung (z.B. § 1 I PolG NRW) mit einer Zuständigkeitsnorm (z.B. § 11 I Nr. 1 POG NRW) zu verbinden.

Aufhebung eines Verwaltungsaktes

Beseitigung eines Verwaltungsakts durch verwaltungsgerichtliches Urteil (§ 113 I VwGO), Abhilfe- oder Widerspruchsbescheid (§§ 72, 73 VwGO) oder durch behördliche Entscheidung (§§ 48, 49 VwVfG). Bei der behördlichen Aufhebung eines Verwaltungsaktes unterscheidet man die Rücknahme eines rechtswidrigen Verwaltungsaktes und den Widerruf eines rechtmäßigen Verwaltungsaktes. Die Aufhebung hat die Unwirksamkeit des Verwaltungsakts zur Folge, § 43 II VwVfG.

Auflage

Nebenbestimmung zum Verwaltungsakt, durch die dem Adressaten ein selbstständiges Tun, Dulden oder Unterlassen vorgeschrieben wird, § 36 Abs. 2 Nr. 4 VwVfG.

Auflagenvorbehalt

Nebenbestimmung zum Verwaltungsakt, durch die die Regelung des Verwaltungsaktes begrenzt wird. Der Auflagenvorbehalt ermöglicht es der Behörde, im Nachhinein durch Erlass, Änderung oder Ergänzung einer Auflage auf den VA Einfluss zu nehmen, § 36 II Nr. 5 VwVfG.

Aufopferungsanspruch

Anspruch auf Entschädigung bei einem staatlichen Eingriff in nicht vermögenswerte Rechte (z.B. Gesundheit). Der Aufopferungsanspruch ist in vielen Fällen spezialgesetzlich geregelt (z.B. für Unfälle in der Schule gemäß § 2 I Nr. 8 b SGB VII). Soweit spezialgesetzliche Regelungen fehlen, wird der allg. Aufopferungsanspruch aus den §§ 74, 75 der Einleitung zum Allgemeinen Preußischen Landrecht (EALR) hergeleitet. Entscheidendes Kriterium für einen Aufopferungsanspruch ist, dass es sich um ein Sonderopfer handelt und nicht lediglich ein allgemeines Lebensrisiko verwirklicht wurde.

---

aufschiebende Wirkung

Hemmung des Vollzugs bzw. der Verwirklichung eines Verwaltungsakts durch Erhebung eines Widerspruchs oder einer Anfechtungsklage, § 80 Abs. 1 VwGO (sog. Suspensiveffekt). Die aufschiebende Wirkung entfällt in den in § 80 II VwGO geregelten Fällen.

Ausbildung

Ausbildung i.S.v. Art. 12 I GG ist auf eine berufsbezogene Qualifikation gerichtet, z.B. an Hochschulen, Lehrstellen, weiterführenden Schulen oder im Referendardienst.

Ausgleichsmandate

Werden den übrigen Parteien zugesprochen, wenn eine Partei in einem Bundesland über Direktmandate mehr Sitze im Bundestag errungen hat, als ihr nach dem Landesproporz zustehen (⇨ Überhangmandate), um den Proporz wieder herzustellen.

Auskunft

Erteilung einer Information durch die Behörde. Die Auskunft ist grds. schlichtes Verwaltungshandeln (Realakt). Wenn allerdings die Erteilung der Auskunft im Gesetz nur abstrakt vorgesehen ist und die Behörde im Einzelfall subsumieren muss bzw. eine Ermessensentscheidung über die Erteilung der Auskunft zu treffen hat, so nimmt die h.M. an, dass ein Verwaltungsakt gegeben ist. Ein Auskunftsanspruch kann sich aus dem Gesetz ergeben, z.B. aus § 25 S. 2 VwVfG. Ansonsten steht die Erteilung der Auskunft im Ermessen der Behörde.

Auslieferung

Zwangsweise Entfernung einer Person aus dem Hoheitsbereich des Staates und Überführung in den Bereich einer ausländ. Hoheitsgewalt auf Ersuchen des ausländischen Staates. Ist grds. verboten gemäß Art. 16 II 1 GG und nur ausnahmsweise erlaubt unter Beachtung des qualifizierten Gesetzesvorbehaltes in Art. 16 II 2 GG.

Außenbereich

Außenbereich i.S.v. § 35 BauGB wird negativ definiert und liegt nur vor, wenn für das konkrete Bauvorhaben § 30 I oder II bzw. § 34 BauGB nicht anwendbar sind.

Außenwirkung des Verwaltungsakts

Die Maßnahme der Behörde muss an eine außerhalb der Behörde stehende Person gerichtet sein. Die Außenwirkung ist insbes. bei Maßnahmen in Sonderrechtsverhältnissen (s. dort) problematisch.

---

ausschließliche Gesetzgebungskompetenz

Gesetzgebungszuständigkeit des Bundes, wonach grundsätzlich der Bund Gesetze erlassen kann. Die Länder sind in diesem Bereich nur zur Gesetzgebung befugt, wenn und soweit sie dazu in einem Bundesgesetz ausdrücklich ermächtigt werden, Art. 71 GG.

Aussetzungsverfahren

Gerichtliches Verfahren im vorläufigen Rechtsschutz auf Anordnung bzw. Wiederherstellung der aufschiebenden Wirkung eines Widerspruchs oder einer Anfechtungsklage, § 80 V VwGO.

Auswahlermessen

Ermessensentscheidung im Hinblick auf die Auswahl des konkreten Mittels bzw. die Auswahl der Person, gegen die vorgegangen wird. Das Auswahlermessen betrifft das „wie“ der Entscheidung.

Ausweisung

Ausländerrechtlicher Verwaltungsakt, nach dem der Ausländer auszureisen hat und mit dem ihm verboten wird, erneut einzureisen. Nach dem AufenthG sind drei Arten der Ausweisung zu unterscheiden: 1. Die zwingende Ausweisung gemäß § 53 AufenthG, insbes. in den Fällen schwerer Kriminalität, 2. die Regelausweisung gemäß § 54 AufenthG, insbes. in den Fällen mittelschwerer Kriminalität und bei Verstößen gegen das BtMG sowie 3. der Ermessensausweisung gemäß § 55 AufenthG, wenn kein besonderer Ausweisungsgrund vorliegt.

Bauordnungsrecht

Bauordnungsrecht ist objektbezogenes Sonderordnungsrecht. Es befasst sich mit den baulich-technischen Anforderungen an ein konkretes Bauvorhaben und regelt in erster Linie die Abwehr von Gefahren, die typischerweise von der Errichtung, dem Bestand und der Nutzung baulicher Anlagen ausgehen.

Bauordnungsverfügung

Verwaltungsakt, mit dem die Bauaufsichtsbehörde gegen formelle und/oder materiell illegale bauliche Anlagen vorgeht. Inhaltlich kann die Behörde insbes. Stilllegung, Nutzungsuntersagung und Beseitigung (Abriss) anordnen.

Bauplanungsrecht

Bauplanungsrecht ist flächenbezogenes Recht der angemessenen Bodennutzung. Bauplanungsrechtliche Normen, auch bezeichnet als Städtebaurecht, regeln die Vorbereitung und Leitung der baulichen und sonstigen Nutzungen der Grundstücke, insbes. durch Pläne, welche die Rechtsqualität des Bodens festlegen. Beispiele sind das BauGB, die Baunutzungsverordnung sowie die Bebauungspläne der Gemeinden, die als Satzungen erlassen werden.

Bebauungs-genehmigung

Verwaltungsakt, mit dem bereits vor der abschließenden Gesamtentscheidung über die Erteilung einer Baugenehmigung eine Regelung über die planungsrechtliche Zulässigkeit eines Bauvorhabens getroffen wird.

Bedarfskompetenz

Weist dem Bund die Gesetzgebungskompetenz in Bereichen der konkurrierenden Gesetzgebung (Art. 74 GG) zu, soweit eine bundesgesetzliche Regelung erforderlich ist, Art. 72 II GG.

Bedingung

Eine Bedingung ist eine Nebenbestimmung zum Verwaltungsakt, nach der der Eintritt oder der Wegfall einer Vergünstigung oder einer Belastung von einem ungewissen Eintritt eines zukünftigen Ereignisses abhängt, § 36 II Nr. 2 VwVfG.

Befristung

Die Befristung ist eine Nebenbestimmung zum Verwaltungsakt, nach der eine Vergünstigung oder Belastung zu einem bestimmten Zeitpunkt beginnt, endet oder für einen bestimmten Zeitraum gilt, § 36 II Nr. 1 VwVfG.

Begründung des Verwaltungsaktes

Mitteilung der wesentlichen tatsächlichen und rechtlichen Gründe, die die Behörde zum Erlass des Verwaltungsakts bewogen haben. Bei schriftlichen oder schriftlich bestätigten Verwaltungsakten nach § 39 I VwVfG obligatorisch, im Übrigen fakultativ. Die inhaltliche Richtigkeit ist für die Einhaltung der Begründungspflicht nicht erforderlich.

Behörde

Organ einer juristischen Person, das Verwaltungsaufgaben ggü. dem Bürger wahrnimmt. Dabei unterscheidet man Behörden im organisationsrechtlichen und Behörden im verfahrensrechtlichen Sinne. Im verfahrensrechtlichen Sinne sind Behörden nach der Legaldefinition des § 1 IV VwVfG des Bundes alle Stellen, die Aufgaben der öffentlichen Verwaltung wahrnehmen. Im organisationsrechtlichen Sinne sind Behörden alle in die Verwaltungshierarchie des Staates eingeordneten, selbstständigen und eigenverantwortlichen Organe des Staates, die nach außen hin für den Verwaltungsträger handeln. Behörde im organisationsrechtlichen Sinne ist z.B. der Oberbürgermeister einer kreisfreien Stadt als das nach außen handelnde Organ der juristischen Person Stadt. Der Behördenbegriff im organisationsrechtlichen Sinne wird z.B. in § 78 VwGO verwendet.

Beitreibung

Vollstreckung eines Verwaltungsaktes auf Geldzahlung (Leistungsbescheid).

Bekanntgabe eines Verwaltungsaktes

Eröffnung eines Verwaltungsakts ggü. dem Betroffenen, § 41 I VwVfG. Mit der Bekanntgabe wird der VA nach § 43 I VwVfG wirksam. Zu unterscheiden sind die formlose Bekanntgabe sowie die förmliche Art der Bekanntgabe (Zustellung, vgl. dort). Die formlose Bekanntgabe kann grds. schriftlich, elektronisch, mündlich o. in anderer Weise erfolgen. Dabei gilt ein schriftlicher VA bei der Übermittlung durch die Post gemäß § 41 II VwVfG am dritten Tag nach der Absendung als bekannt gegeben (sog. Bekanntgabefiktion). Dies gilt gemäß § 41 II 3 jedoch nicht, wenn der Verwaltungsakt nicht oder zu einem späteren Zeitpunkt zugegangen ist. In einem solchen Fall hat die Behörde den Zugang des Verwaltungsakts und den Zeitpunkt des Zuganges nachzuweisen.

Beliehene

Privatpersonen (natürliche oder juristische Personen), denen durch oder aufgrund eines Gesetzes die Wahrnehmung einzelner hoheitlicher Aufgaben im eigenen Namen übertragen wird. Beliehene sind Behörden im verfahrensrechtlichen Sinne und können eigenständig Verwaltungsakte erlassen. Beliehene sind z.B. die Sachverständigen der technischen Überwachungsvereine oder die Bezirksschornsteinfegermeister. Diese entscheiden eigenständig, ob sie Kraftfahrzeuge bzw. Heizungsanlagen zum Betrieb zulassen.

Beruf

Beruf i.S.v. Art. 12 I GG ist jede auf Dauer angelegte Tätigkeit zur Schaffung und Erhaltung einer Lebensgrundlage.

Bescheidungsurteil

Urteil des Verwaltungsgerichts auf eine Verpflichtungsklage, durch das die Behörde verpflichtet wird, unter Beachtung der Rechtsauffassung des Gerichts erneut zu entscheiden, § 113 V 2 VwGO. Ergeht, wenn die Erteilung des Verwaltungsakts im Ermessen der Behörde steht und die Erteilung rechtswidrig unterlassen oder verweigert wurde.

---

besondere Sachentscheidungsvoraussetzung

Zulässigkeitsvoraussetzung einer verwaltungsgerichtlichen Klage, die nur für eine bestimmte Klageart gilt. Dazu zählt z.B. bei der Anfechtungsklage die Durchführung eines Vorverfahrens oder die Klagefrist gemäß § 74 VwGO.

---

besonderes Gewaltverhältnis

Ältere Bezeichnung für sog. Sonderrechtsverhältnisse.

Bestandskraft

Abschließende Bindung aller Beteiligten an die Regelung eines Verwaltungsakts. Ein Verwaltungsakt wird formell bestandskräftig mit der Unanfechtbarkeit. Diese tritt ein, wenn der Betroffene den Rechtsweg erschöpft hat oder die Rechtsbehelfsfristen nicht eingehalten hat. Die formelle Bestandskraft führt zur materiellen Bestandskraft, wonach eine Aufhebung des VA nicht mehr im Rahmen eines Rechtsbehelfes, sondern nur noch nach besonderen gesetzlichen Vorschriften (z.B. §§ 48, 49, 51 VwVfG) erfolgen kann.

Bestandsschutz im Baurecht

Aus dem Eigentumsgrundrecht hergeleiteter Schutz einer einmal rechtmäßig errichteten baulichen Anlage für die Zukunft, unabhängig von baurechtlichen Veränderungen. Zu unterscheiden sind aktiver und passiver Bestandsschutz: Der passive Bestandsschutz gewährleistet das Recht, dass ein seinerzeit im Einklang mit dem damals geltenden Baurecht errichtetes Bauwerk weiterhin so unterhalten und genutzt wird, wie es seinerzeit errichtet wurde, auch wenn es nach dem inzwischen zur Geltung gelangten Baurecht nicht mehr zulässig wäre. Der aktive Bestandsschutz betrifft die Frage, ob und ggf. in welchem Umfang der Eigentümer berechtigt ist, die zur Erhaltung und zeitgemäßen Nutzung des Bauwerks notwendigen baulichen Erweiterungsmaßnahmen oder Nutzungsänderungen durchzuführen, auch wenn dies nach dem inzwischen zur Geltung gelangten Baurecht nicht mehr zulässig wäre; vgl. insofern § 35 IV BauGB.

Bestimmtheit des Verwaltungsaktes

Bestimmtheit bedeutet, dass die mit dem Verwaltungsakt getroffene Regelung, der Entscheidungssatz ggf. im Zusammenhang mit den Gründen für die Beteiligten (insbes. den Adressaten) so vollständig, klar und unzweideutig erkennbar ist, dass sie ihr Verhalten danach richten können und dass die mit dem Vollzug betrauten oder sonst mit der Angelegenheit befassten Behörden und deren Organe den Inhalt etwaigen Vollstreckungsmaßnahmen oder sonstigen weiteren Entscheidungen zugrunde legen können, § 37 I VwVfG. Dabei ist ausreichend, dass sich der Inhalt des Verwaltungsaktes mittels Auslegung ermitteln lässt.

Beurteilungsspielraum

Von den Verwaltungsgerichten nicht voll, sondern nur auf Beurteilungsfehler überprüfbarer Spielraum bei der Auslegung unbestimmter Rechtsbegriffe durch die Behörde. Besteht nach h.M. nur in bestimmten Fallgruppen: 1. prüfungs- und prüfungsähnlichen Entscheidungen, 2. beamtenrechtlicher Beurteilung einer Person, 3. prognostischen Entscheidungen wertenden Charakters (z.B. nach dem Atomrecht) und 4. persönlicher Wertung eines weisungsfreien, pluralistisch besetzten Gremiums (z.B. die Entscheidungen der Bundesprüfstelle zum Schutze der Jugend).

Bewertungsausfall

Fehlende Bewertung des im konkreten Fall relevanten Abwägungsmaterials bei Erlass des Bebauungsplans. Insbes. wegen §§ 2 III und 214 III 2, 1. Halbs. BauGB wird dieser Fehler als Bewertungsausfall und damit als Verfahrensfehler angesehen.

Briefgeheimnis

Das Briefgeheimnis aus Art. 10 GG verwehrt der öffentlichen Gewalt, vom Inhalt eines Briefes oder einer anderen Sendung Kenntnis zu nehmen, die erkennbar eine individuelle schriftliche Mitteilung befördert.

Bund-Länder-Streit

Verfassungsprozessualer Rechtsbehelf gemäß Art. 93 I Nr. 3 GG, §§ 13 Nr. 7, 68 ff. BVerfGG, mit dem Meinungsverschiedenheiten über verfassungsrechtliche Rechte und Pflichten des Bundes und der Länder, insbes. bei der Ausführung von Bundesrecht durch die Länder und bei der Ausübung der Bundesaufsicht (z.B. durch Weisungen), geklärt werden können.

Bundesaufsichtsverwaltung	Verwaltungstyp bei der Durchführung von Bundesgesetzen. Erfolgt ausschließlich durch Landesbehörden unter Rechtsaufsicht des Bundes; Art. 83, 84 I GG.
Bundesauftragsverwaltung	Ausführung der Bundesgesetze durch die Länder im Auftrag des Bundes. Der Bund übt die Fachaufsicht (Kontrolle der Recht- und Zweckmäßigkeit des Handelns der Länderverwaltung) aus und ist außerdem zu Einzelweisungen berechtigt. Bundesaufsichtsverwaltung ist nur möglich, wenn sie für bestimmte einzelne Sachbereiche ausdrücklich im GG vorgesehen ist (z.B. Art. 87 c GG).
bundeseigene Verwaltung	Ausführung der Bundesgesetze durch Bundesbehörden. Ist nur dann zulässig, wenn sie ausdrücklich im Grundgesetz für bestimmte Sachbereiche angeordnet ist (vgl. insbes. Art. 87 ff. GG).

Bundeskanzler

Der Vorsitzende der Bundesregierung, dem nach dem GG weitgehende Befugnisse, insbes. die Richtlinienkompetenz eingeräumt ist („Kanzlerdemokratie").

Bundesoberbehörden

Behörden, die für das gesamte Bundesgebiet zuständig sind und einer obersten Behörde, i.d.R. einem Bundesministerium, unterstehen. Bundesoberbehörden sind obligatorisch gemäß Art. 87 I 2 GG (z.B. Bundeskriminalamt). Sie sind fakultativ, sofern sie aufgrund der Generalklausel gemäß Art. 87 III, 1. Fall GG errichtet worden sind (z.B. Kraftfahrtbundesamt in Flensburg).

Bundespräsident

Das Staatsoberhaupt der Bundesrepublik Deutschland. Er vertritt den Bund völkerrechtlich und schließt im Namen des Bundes Verträge mit auswärtigen Staaten (Art. 59 I GG). Darüber hinaus fertigt er insbes. Bundesgesetze aus, Art. 82 I 1 GG.

Bundesrat

Das Mitwirkungsorgan der Länder bei der Gesetzgebung und Verwaltung des Bundes sowie in Angelegenheiten der Europäischen Union (Art. 50 GG). Der Bundesrat besteht aus Mitgliedern der Landesregierungen, die sie bestellen und abberufen (Art. 51 I GG). Auch wenn sich der Bundesrat aus Vertretern der Länder zusammensetzt, handelt es sich gleichwohl um ein Bundesorgan. Er wird ausschließlich im Zuständigkeitsbereich des Bundes tätig und nicht in dem der Länder.

Bundesregierung

Das kollegiale Bundesorgan als Spitze der vollziehenden Gewalt (Exekutive). Die Bundesregierung besteht aus dem Bundeskanzler und aus den Bundesministern (Art. 62 GG). Der Bundestag wählt den Bundeskanzler (Art. 63 GG). Dieser schlägt dem Bundespräsidenten die Bundesminister zur Ernennung vor.

Bundesstaat

Bundesstaat i.S.v. Art. 20 I GG ist ein Gesamtstaat, bei dem die Ausübung der Staatsgewalt auf einen Zentralstaat (Bund) und mehrere Gliedstaaten (die Länder) aufgeteilt ist; vgl. auch Art. 79 III, 1. Fall GG.

Bundestag

Das Parlament der Bundesrepublik Deutschland. Als einziges unmittelbar durch die Bundestagswahl demokratisch legitimiertes Staatsorgan des Bundes ist der Bundestag das oberste Verfassungsorgan.

Bundestreue

(Gebot bundesfreundlichen Verhaltens) Im Bundesstaat die Verpflichtung des Gesamtstaates und der Gliedstaaten zu bundesfreundlichem Verhalten, d.h. insbes. zur gegenseitigen Rücksichtnahme. Selbst wenn eine Maßnahme an sich von einer Kompetenznorm gedeckt ist, darf sie nicht ohne Rücksicht auf die Interessen des Gesamtstaates getroffen werden.

Bundesverfassungsgericht (BVerfG)

Höchstes Rechtsprechungsorgan in der Bundesrepublik Deutschland. Es wurde 1951 gegründet und hat seinen Sitz in Karlsruhe. Es steht selbstständig und unabhängig neben den anderen Verfassungsorganen des Bundes, § 1 I BVerfGG. Seine Funktion besteht darin, als „Hüterin der Verfassung" über die Einhaltung des GG zu wachen.

Bundesversammlung

Sie wählt gemäß Art. 54 GG i.V.m. Bundesgesetz den Bundespräsidenten und besteht aus den Mitgliedern des Bundestages und einer gleichen Anzahl von Mitgliedern, die von den Volksvertretungen der Länder gewählt werden, Art. 54 III GG.

Bundeszwang

Möglichkeit für die Bundesregierung, mit Zustimmung des Bundesrates gegen ein Land die notwendigen Maßnahmen zu ergreifen, wenn das Land die ihm nach dem GG obliegenden Pflichten oder andere Bundespflichten nicht erfüllt, um das Land zur Erfüllung der Pflichten anzuhalten, Art. 37 GG. Eine solche Pflichtverletzung kann insbes. bei der Ausführung der Bundesgesetze durch die Länder bestehen. Zur Ausübung des Bundeszwanges besteht gemäß Art. 37 II GG ein Weisungsrecht gegenüber allen Ländern und ihren Behörden.

Demokratie

Staatsform, in der Träger der Staatsgewalt das Volk ist (vgl. Art. 20 II 1 GG: Alle Staatsgewalt geht vom Volke aus.). Man unterscheidet: 1) die unmittelbare (direkte, plebiszitäre) Demokratie, in der grundsätzlich das gesamte Staatsvolk durch Abstimmungen über anstehende Fragen entscheidet und 2) die mittelbare (repräsentative) Demokratie, in der das Volk grundsätzlich nur über die Zusammensetzung der Repräsentationsorgane (insbes. des Parlaments), die dann ihrerseits die Staatsgewalt ausüben (vgl. Art. 20 II 2 GG), entscheidet. Grundelemente der Demokratie sind freie, periodisch stattfindende Wahlen, ein Mehrparteiensystem, die Möglichkeit einer legalen Opposition, die Gleichheit aller Menschen vor dem Gesetz und das Bestehen demokratischer Grundrechte, insbes. die Meinungs- und Informationsfreiheit (vgl. Art. 5 GG) sowie die Versammlungs- und Vereinigungsfreiheit (vgl. Art. 8 und 9 GG).

Diskontinuität des Bundestages

Wechsel der persönlichen Zusammensetzung des Bundestages (persönliche Diskontinuität) und der Sachgegenstände (sachliche Diskontinuität) mit Ablauf einer Legislaturperiode; vgl. auch § 125

Geschäftsordnung des Bundestages. Insbes. erledigen sich Gesetzesinitiativen, sofern sie das Hauptverfahren im Bundestag noch nicht durchlaufen haben und Verfahren vor Untersuchungsausschüssen, die noch nicht beendet sind.

Divisorverfahren

Berechnungsmethode zur Bestimmung der Sitzzuteilung im Bundestag nach Sainte-Lague/Schepers (§ 6 II BWahlG). Dabei werden die Zweitstimmen der Parteien durch einen geeigneten Zuteilungsdivisor geteilt.

---

doppeltqualifizierte Mehrheit

Fordern neben einem bestimmten Anteil von Ja-Stimmen noch weitere Anforderungen. Beispiel: Grundgesetzänderung gemäß Art. 79 II GG erfordert die Zustimmung von 2/3 der Mitglieder des Bundestages und 2/3 der Mitglieder des Bundesrates.

Drei-Stufen-Theorie

Besonderheit bei der Verhältnismäßigkeitsprüfung von Eingriffen in den Schutzbereich von Art. 12 I GG. Berufsausübungsregelungen haben das „Wie" der beruflichen Tätigkeit, die Bedingungen und Modalitäten, unter denen sich die Berufstätigkeit vollzieht, zum Gegenstand (1. Stufe); sie sind zulässig, soweit vernünftige Erwägungen des Gemeinwohls diese zweckmäßig erscheinen lassen. Subjektive Berufswahlregelungen sind insbes. gesetzliche Vorschriften, welche die Aufnahme oder Beendigung der beruflichen Tätigkeit an Vorauss. binden, die von der Person des Grundrechtsträgers abhängig sind und jedenfalls grds. von diesem erfüllbar sind (2. Stufe); auf die persönliche Beeinflussbarkeit kommt es nicht an. Solche Berufswahlregelungen sind zulässig, wenn durch sie ein wichtiges Gemeinschaftsgut, das der Freiheit des Einzelnen vorgeht, geschützt werden soll. Objektive Berufswahlregelungen werden durch Berufszugangsbedingungen geschaffen, die von der persönlichen Qualifikation des Berufsanwärters unabhängig sind (3. Stufe). Solche Regelungen dürfen nur ausnahmsweise zur Abwehr nachweisbarer oder höchstwahrscheinlicher schwerer Gefahren für ein überragend wichtiges Gemeinschaftsgut geschaffen werden.

---

dringende Gefahr i.S.v. Art. 13 IV, VII GG

Nach h.M. gleichzusetzen mit erheblicher Gefahr, d.h. Gefahr für ein bedeutsames Rechtsgut, wie Bestand des Staates, Leben, Gesundheit, Freiheit oder nicht unwesentliche Vermögenswerte.

Durchsuchung i.S.v. Art. 13 II GG

Das körperliche Betreten der Wohnung und die Vornahme von Suchhandlungen in der Wohnung durch staatliche Organe, um Personen oder Sachen zu finden oder einen bestimmten Sachverhalt zu erforschen.

---

echte Rückwirkung

Liegt vor, wenn ein Lebenssachverhalt, der bei Verkündung des Gesetzes abgeschlossen ist, nachträglich belastend geregelt wird (wird auch Rückbewirkung von Rechtsfolgen genannt). Die echte Rückwirkung ist grds. unzulässig, es sei denn, dass kein schutzwürdiges Vertrauen auf den Fortbestand der alten Rechtslage bestand.

Ehe

Ehe i.S.v. Art. 6 I GG ist die Vereinigung eines Mannes und einer Frau zu einer auf Dauer angelegten Lebensgemeinschaft.

---

eingeschriebener Brief

⇨ Zustellung eines Verwaltungsaktes

Einheitsklage

Enthält der Widerspruchsbescheid eine reformatio in peius, kann der Adressat mit dieser Klage zugleich gegen den Ausgangsverwaltungsakt und den Widerspruchsbescheid vorgehen.

Einrichtungsgarantien durch Grundrechte

Bei einzelnen Grundrechten aus dem Wortlaut abgeleitete, über die Gewährleistung subjektiver Rechte hinausgehende Verpflichtung des Staates, die Ausübung des Grundrechts im Rahmen des Möglichen umfassend zu fördern, ggf. eine entsprechende Organisation zu schaffen und zu erhalten und rechtswidrige Beeinträchtigungen zu unterlassen. Terminologisch wird zwischen institutionellen Garantien, d.h. der Gewährleistung von Rechtseinrichtungen des öffentlichen Rechts (z.B. Art. 33 V GG) und Institutsgarantien, d.h. der Gewährleistung von Rechtseinrichtungen des Privatrechts (z.B. Privatautonomie und Vertragsfreiheit gemäß Art. 2 I GG) unterschieden.

Einspruchsgesetz

Regelfall für Gesetzgebungsverfahren zum Erlass von Bundesgesetzen in Bezug auf Beteiligung des Bundesrates. Der Bundesrat kann gegen Einspruchsgesetze den Vermittlungsausschuss anrufen, Art. 77 II GG, nach Beendigung des Vermittlungsverfahrens Einspruch gegen das Gesetz einlegen (Art. 77 III GG; daher der Name des Gesetzes) und dieser Einspruch kann gemäß Art. 77 IV vom Bundestag zurückgewiesen bzw. überstimmt werden. Die Möglichkeiten des Zustandekommens eines Einspruchsgesetzes regelt abschließend Art. 78, 2.–5. Fall GG.

---

einstweilige Anordnung

Vorläufiges Rechtsschutzverfahren vor dem Verwaltungsgericht gemäß § 123 VwGO, mit dem die Sicherung eines bestehenden Zustands (sog. Sicherungsanordnung, § 123 Abs. 1 S. 1 VwGO) oder eine vorläufige Regelung eines streitigen Rechtsverhältnisses (sog. Regelungsanordnung, § 123 Abs. 1 S. 2 VwGO) begehrt werden kann.

Einzelfallregelung

Liegt vor, wenn eine Regelung auf eine Person (individuell) für einen bestimmten Fall (konkret) oder auf eine Person (individuell) für eine Vielzahl von Fällen (abstrakt) zugeschnitten ist. Das Merkmal dient der Abgrenzung des Verwaltungsakts als individuell-konkrete oder individuell-abstrakte Regelung von der abstrakt generellen Regelung einer Rechtsnorm.

---

elektronischer Verwaltungsakt

Liegt vor, wenn der Verwaltungsakt elektronisch erzeugt und als Datei gespeichert wird. Die Datei selbst ist dann der Verwaltungsakt, unabhängig davon, ob die Übermittlung per E-Mail oder auf einem Speichermedium erfolgt. Grds. gelten für den elektronischen Verwaltungsakt keine besonderen Formvorschriften. Ist gesetzlich jedoch zwingend Schriftform vorgeschrieben, so kann diese nur durch ein mit einer qualifizierten elektronischen Signatur verbundenes elektronisches Dokument ersetzt werden, § 3 a II VwVfG.

Enquete-Kommission

Nach § 56 GOBT eingesetzte Gremien, die Entscheidungen des Bundestages über umfangreiche oder bedeutsame Sachkomplexe vorbereiten.

---

enteignender Eingriff

Unzumutbare Eigentumsverletzung, die auf rechtmäßigem Verwaltungshandeln beruht und nur eine faktische, zumeist unvorhergesehene Folge des rechtmäßigen Verwaltungshandelns ist. Die Rechtsgrundlage für den aufgrund des Eingriffs entstehenden Anspruchs auf angemessene Entschädigung wird heute hergeleitet aus dem allgemeinen Aufopferungsgedanken der §§ 74, 75 der Einleitung zum allgemeinen preußischen Landrecht (EALR).

Enteignung

Jede vollständige oder teilweise Entziehung der eigentumsähnlichen Position durch Rechtsakt, die final und individuell konkret erfolgt, wobei die Sache auch nach dem Entziehungsakt für öffentliche Zwecke erhalten bleibt; vgl. Art. 14 III GG. Sofern die Enteignung unmittelbar mit Inkrafttreten eines Gesetzes erfolgt, spricht man von Legalenteignung, sofern sie durch Verwaltungsakt aufgrund eines Gesetzes erfolgt (Regelfall), von Administrativenteignung.

---

enteignungsgleicher Eingriff

Rechtswidrige faktische Eigentumsverletzung oder rechtswidriger Vollzug eines verfassungsgemäßen Gesetzes. Die Rechtsgrundlage für den Entschädigungsanspruch wird ebenso wie beim enteignenden Eingriff aus dem Aufopferungsgedanken der §§ 74, 75 der Einleitung zum allgemeinen preußischen Landrecht (EALR) hergeleitet. Da der enteignungsgleiche Eingriff auf rechtswidrigen Maßnahmen beruht, kann der Anspruch ausgeschlossen sein, wenn es der Anspruchsteller schuldhaft unterlassen hat, den Schaden durch Einlegung eines Rechtsmittels zu vermeiden (Vorrang des Primärrechtsschutzes; kein „dulde und liquidiere").

Entschließungsermessen

Ermessensentscheidung der Behörde bzgl. der Frage, ob überhaupt gehandelt wird.

Erforderlichkeit

Liegt als Bestandteil des Verhältnismäßigkeitsgrundsatzes vor, wenn eine von mehreren geeigneten und gleich effizienten Maßnahmen die den Einzelnen und die Allgemeinheit am wenigsten belastende Maßnahme ist. Das gewählte Mittel muss also das mildeste sein.

Erforderlichkeitsklausel

Voraussetzung gemäß Art. 72 II GG für die Gesetzgebungskompetenz des Bundes im Rahmen der konkurrierenden Gesetzgebungskompetenzen. Der Bund hat das Gesetzgebungsrecht in diesem Bereich danach nur dann, wenn und soweit die Herstellung gleichwertiger Lebensverhältnisse im Bundesgebiet („Schutz des bundesstaatlichen Sozialgefüges") oder die Wahrung der Rechtseinheit im gesamtstaatlichen Interesse („Schutz von Rechtssicherheit und Freizügigkeit im Bundesstaat") oder die Wahrung der Wirtschaftseinheit im gesamtstaatlichen Interesse („Funktionsfähigkeit des Wirtschaftsraumes") eine bundesgesetzliche Regelung erforderlich macht.

Ergänzungsschule — Schulen, für die vergleichbare öffentliche Schulen in der Regel nicht bestehen und in denen der Schulpflicht nicht genügt werden kann. Art. 7 IV 1 GG gilt für Ersatz- und Ergänzungsschulen, Art. 7 IV 2 und Art. 7 V GG erfassen nur Ersatzschulen.

Erhebliche Gefahr — Gefahr für ein bedeutsames Rechtsgut, wie Bestand des Staates, Leben, Gesundheit, Freiheit oder nicht unwesentliche Vermögenswerte.

Ermächtigungsgrundlage — Rechtsnorm, die den Behörden die Befugnis für Maßnahmen verleiht, die in Rechte des Bürgers eingreifen (belastende Maßnahmen), und zugleich die Voraussetzungen für die Maßnahme regelt. Folgt aus dem Grundsatz vom Vorbehalt des Gesetzes.

Ermessen — Eigenständiger Zweckmäßigkeitsspielraum der Behörde auf Rechtsfolgenseite, der durch das Verwaltungsgericht nur eingeschränkt überprüfbar ist (§ 114 VwGO) und der sich aus dem Wortlaut der Norm durch Verwendung des Begriffs „Ermessen" oder aus Formulierungen wie „kann", „darf" oder „ist befugt" ergibt. Sonderfall intendiertes Ermessen: Gesetzgeber geht durch Verwendung z.B. der Formulierung „soll" davon aus, dass die Behörde in der Regel verpflichtet ist, die Maßnahme zu ergreifen und eine Möglichkeit der Abweichung nur in atypischen Fällen besteht. Gegenbegriff: gebundene Entscheidung.

Ermessensfehler

Liegt vor, wenn die Behörde 1) die gesetzlichen Grenzen des Ermessens überschreitet (Ermessensüberschreitung), 2) ihr Ermessen überhaupt nicht ausgeübt hat (Ermessensunterschreitung oder Ermessensnichtgebrauch) oder 3) von dem Ermessen in einer dem Zweck der Ermächtigung nicht entsprechenden Weise Gebrauch gemacht hat (Ermessensfehlgebrauch).

Ermittlungsdefizit

Liegt vor, wenn im konkreten Fall planungsrelevante Belange, die nach Lage der Dinge hätten ermittelt werden müssen, nicht ermittelt worden sind und deshalb nicht in die (erfolgte) Abwägung einfließen konnten. Insbes. wegen § 2 III und § 214 III 2, 1. Halbs. BauGB werden entsprechende Verstöße als Ermittlungsdefizit und damit als Verfahrensfehler angesehen, die grds. zur formellen Rechtswidrigkeit des Bebauungsplanes führen.

Ersatzschule

Sind Privatschulen, die nach dem mit ihrer Errichtung verfolgten Gesamtzweck als Ersatz für eine in dem Land vorhandene oder grundsätzlich vorgesehene öffentliche Schule dienen sollen und die nach Genehmigung und Anerkennung als Beliehene Berechtigungen mit öffentlich-rechtlicher Wirkung erteilen können (z.B. Zeugnis, Versetzung, Hochschulreife).

Erschließung

Liegt in Bezug auf ein Grundstück vor, wenn dieses an das öffentliche Straßennetz angeschlossen ist und die Versorgung mit Energie und Wasser sowie Abwasserbeseitigung gewährleistet sind. Für die bauplanungsrechtliche Zulässigkeit eines Vorhabens gemäß §§ 30–34 BauGB genügt es, wenn die Erschließung gesichert ist, sobald nach objektiven Kriterien nach aller Erfahrung damit gerechnet werden kann, dass die Erschließungsanlagen spätestens bis zur Fertigstellung des Vorhabens benutzbar sein werden.

Erstattungsanspruch, öffentlich-rechtlicher

Anspruch auf Rückabwicklung rechtsgrundloser Vermögensverschiebungen im öffentlichen Recht. Neben den teilweise gesetzlich geregelten öffentlich-rechtlichen Erstattungsansprüchen (z.B. § 49 a I VwVfG) ist der allgemeine öffentlich-rechtliche Erstattungsanspruch gewohnheitsrechtlich anerkannt. Hergeleitet wird dieser nach h.M. nicht aus den §§ 812 ff. BGB analog, sondern aus dem Grundsatz der Gesetzmäßigkeit der Verwaltung, Art. 20 III GG.

Eventualklagehäufung

Liegt vor, wenn der Kläger neben seinem Hauptantrag hilfsweise einen weiteren Antrag erhebt, dessen Prüfung durch das Gericht von der innerprozessualen Bedingung abhängt, dass der Hauptantrag unzulässig oder unbegründet ist.

Exekutive

Die vollziehende Gewalt. Träger der Exekutive ist in einer parlamentarischen Demokratie die vom Vertrauen des Parlaments abhängige Regierung.

Familie

Familie i.S.v. Art. 6 I GG ist die umfassende Gemeinschaft der Eltern mit ihren Kindern. Erfasst wird auch das Verhältnis der Adoptiveltern zu ihren adoptierten Kindern, die Beziehung der Mutter oder des Vaters zu einem nichtehelichen Kind sowie die Beziehung des biologischen Vaters zu seinem Kind bei Vorhandensein eines anderen rechtlichen Vaters; auch die nichtehelichen Gemeinschaften, aus denen gemeinsame Kinder hervorgegangen sind, werden als Familien angesehen. Gleiches gilt auch für Mehrehen. Geschützt werden nicht nur alle Bereiche des familiären Zusammenlebens, sondern auch die Familiengründung und die Entscheidung der

Eltern, wann und wie viele Kinder sie haben wollen. Allerdings ist die Schutzwirkung von Art. 6 I GG danach abgestuft, ob es sich nur um eine bloße Begegnungsgemeinschaft oder eine Lebens- und Beistandsgemeinschaft bzw. bei Minderjährigen eine Erziehungsgemeinschaft handelt.

Fernmeldegeheimnis

Schützt als Grundrecht aus Art. 10 GG die Übermittlung individueller Mitteilungen durch elektromagnetische Wellen; vgl. auch § 88 I TKG. Beispiele: Telefon (auch Internet), Handy mit SMS und Mailbox, Fax.

Feststellungsklage

Verwaltungsgerichtliche Klageart, durch die der Kläger die Feststellung des Bestehens oder Nichtbestehens eines öffentlich-rechtlichen Rechtsverhältnisses oder die Feststellung der Nichtigkeit eines Verwaltungsakts begehrt, § 43 VwGO.

Film

Film i.S.d. Art. 5 I 2, 3. Fall GG sind alle zur Darstellung durch einen Projektor geeigneten Bilderreihen. Beachte: Bei Spielfilmen ist ergänzend die Kunstfreiheit zu beachten; Fernsehfilme unterfallen ausschließlich der Rundfunkfreiheit.

Föderalismusreform

Änderung des Grundgesetzes zur Entflechtung der bundesstaatlichen Ordnung, die Anfang September 2006 in Kraft getreten ist. Wesentliche Neuregelungen: 1) Reform der Mitwirkungsrechte des Bundesrats durch Abbau der Zustimmungsrechte (Art. 84 I GG), 2) Reform der Gesetzgebungskompetenzen durch Abschaffung der Rahmengesetzgebungskompetenz (Art. 75 GG a.F.) und durch Neuordnung des Katalogs der konkurrierenden Gesetzgebung (Art. 74 I GG).

---

föderalistische Theorie

Bejaht die ausschließliche Zuständigkeit der Länder gemäß Art. 32 III GG zum Abschluss völkerrechtlicher Verträge in Ausnahme zu Art. 32 I GG für die Bereiche der Landesgesetzgebung. Nach herrschender Gegenauffassung (zentralistische Theorie) begründet Art. 32 III GG lediglich eine konkurrierende Gesetzgebungskompetenz der Länder.

Folgenbeseitigungsanspruch

Ungeschriebener, aber gewohnheitsrechtlich anerkannter öffentlich-rechtlicher Anspruch auf Wiederherstellung des ursprünglichen Zustandes. Dogmatisch wird der FBA überwiegend aus der Abwehrfunktion der Grundrechte hergeleitet.

---

formelle Illegalität

Ist bei anzeigepflichtigen Bauvorhaben gegeben, wenn vor Ablauf der Wartefrist nach Eingang der Bauvorlagen bei der Gemeinde mit dem Vorhaben begonnen wird oder wenn sich nachträglich die Unwirksamkeit des für die Freistellung erforderlichen Bebauungsplans herausstellt. Liegt bei genehmigungspflichtigen Bauvorhaben vor, wenn die erforderliche Baugenehmigung im Zeitpunkt des Erlasses der Bauordnungsverfügung fehlt, nicht vollziehbar ist, inhaltlich überschritten wurde, nichtig oder erledigt ist.

---

formelle Rechtmäßigkeit des Verwaltungsaktes

Ein Verwaltungsakt ist formell rechtmäßig, wenn die zuständige Behörde gehandelt hat, die Verfahrensanforderungen eingehalten sind und die Behörde den Verwaltungsakt in der vorgeschriebenen Form erlassen hat.

Fortsetzungsfeststellungsklage

Verwaltungsprozessuale Klageart, mit der der Kläger die Feststellung der Rechtswidrigkeit eines erledigten Verwaltungsakts begehrt, § 113 I 4 VwGO. Dieser gilt dabei direkt für den Fall, dass sich ein Verwaltungsakt nach Erhebung der Anfechtungsklage erledigt. Soweit sich eine Verpflichtungsklage nach Erhebung der Klage erledigt, gilt § 113 I 4 VwGO analog. Nach h.M. wird § 113 I 4 VwGO auch analog angewandt auf den Fall, dass sich ein Verwaltungsakt bereits vor Erhebung der Anfechtungsklage erledigt und doppelt analog angewandt für den Fall, dass sich ein Verpflichtungsbegehren bereits vor Klageerhebung erledigt.

Fortsetzungsfeststellungsinteresse

Berechtigtes Interesse für die Feststellung der Rechtswidrigkeit eines erledigten Verwaltungsakts im Rahmen der Fortsetzungsfeststellungsklage gemäß § 113 I 4 VwGO, dass bei Wiederholungsgefahr, Rehabilitationsbedürfnis, schwerwiegenden Grundrechtseingriffen, die sich typischerweise kurzfristig erledigen, und Präjudizwirkung für einen Schadensersatz- oder Entschädigungsprozess anerkannt ist.

Fraktion

Zusammenschluss von Abgeordneten derselben Partei (auf Bundesebene auch verschiedener Parteien, die – wie CDU und CSU – aufgrund gleichgerichteter Ziele in keinem Land miteinander im Wettbewerb stehen, § 10 I 1 GO BT), die im Bundestag erst ab einer Fraktionsstärke von mindestens 5% der Mitglieder des Bundestages zulässig ist.

Fraktionsdisziplin

Bestreben der Fraktion, ein einheitliches Auftreten in der parlamentarischen Arbeit zu erreichen. Es umfasst auch die Einwirkung auf einzelne Abgeordnete, soweit die Loyalität und die gemeinsame politische Arbeit es erfordern.

Fraktionszwang

Ggf. sanktionsbewährte Verpflichtung des Abgeordneten, nach dem Votum seiner Fraktion abzustimmen.

Freiheit der Person

Das Grundrecht aus Art. 2 II 2 i.V.m. Art. 104 GG schützt die Fort- oder Wegbewegungsfreiheit von einem bestimmten Ort weg sowie (str.) auch die Hinbewegungsfreiheit zu einem bestimmten Ort hin. Die Fortbewegungsfreiheit ist z.B. betroffen bei Inhaftierung oder Durchsuchung der Person, die Hinbewegungsfreiheit durch einen Platzverweis oder eine Wohnungsverweisung.

Freiheit der Wahl

Wahlrechtsgrundsatz gemäß Art. 38 I 1 GG und besonderes Freiheitsrecht. Er verlangt, dass kein öffentlicher oder privater Zwang bzw. keine Beeinflussung auf den Inhalt der Wahlentscheidung ausgeübt werden darf.

---

freiheitlich demokratische Grundordnung

Ist eine Ordnung, die unter Ausschluss jeglicher Gewalt und Willkürherrschaft eine rechtsstaatliche Herrschaftsordnung auf der Grundlage der Selbstbestimmung des Volkes nach dem Willen der jeweiligen Mehrheit und der Freiheit und Gleichheit darstellt. Zu den grundlegenden Prinzipien gehören die Achtung vor den im Grundgesetz konkretisierten Menschenrechten, vor allem des Rechts der Persönlichkeit auf Leben und freie Entfaltung, die Volkssouveränität, die Gewaltenteilung, die Verantwortlichkeit der Regierung, die Gesetzmäßigkeit der Verwaltung, die Unabhängigkeit der Gerichte, das Mehrparteienprinzip, die Chancengleichheit für alle politischen Parteien mit dem Recht auf verfassungsmäßige Bildung und Ausübung einer Opposition und das sozialstaatliche Bemühen, schädliche Auswirkungen schrankenloser Freiheit zu verhindern und soziale Gerechtigkeit zu verwirklichen.

Freiheitsbeschränkung

Freiheitsbeschränkungen sind alle Eingriffe in den Schutzbereich von Art. 2 II 2 i.V.m. Art. 104 GG, die nicht Freiheitsentziehung sind und die körperliche Bewegungsfreiheit nur kurzfristig oder als Nebenfolge von anderen Zielrichtungen aufheben. Beispiele sind etwa das Anhalten einer Person gemäß § 22 oder § 23 III 1 BPolG, die Durchsuchung einer Person, z.B. gemäß § 43 BPolG, sowie (str.) Platzverweis, Aufenthaltsverbot oder Wohnungsverweisung. Für Freiheitsbeschränkungen gelten nur die besonderen Anforderungen aus Art. 104 I GG.

Freiheitsentziehung

Zielgerichtete Beschränkung der körperlichen Bewegungsfreiheit auf einen eng umgrenzten Raum für eine mehr als kurzfristige Zeitdauer als intensivster Eingriff in das Grundrecht auf Freiheit der Person aus Art. 2 II 2 GG. Eine Freiheitsentziehung liegt z.B. bei

Ingewahrsamnahme, Verhaftung, gerichtlicher Verhängung einer Freiheitsstrafe (auch zur Bewährung) sowie beim sog. Polizeikessel vor. Für die Freiheitsentziehung gelten, anders als bei der Freiheitsbeschränkung, alle Absätze von Art. 104 GG!

Freistaat

Bedeutet grds. das Gleiche wie „Republik" i.S.v. Art. 20 I GG (s. dort). Des Weiteren umfasst er die Ausübung der Staatsgewalt allein nach der Verfassung, Gesetz und Recht sowie die Verpflichtung der Regierenden auf das Gemeinwohl.

Freizügigkeit i.S.v. Art. 11 GG

Recht, an jedem Ort innerhalb des Bundesgebiets – ungehindert von staatlicher Gewalt – Aufenthalt oder Wohnsitz nehmen zu können (sog. positive Freizügigkeit) bzw. dies nicht zu tun (sog. negative Freizügigkeit). Wohnsitz: Ständige Niederlassung an einem Ort i.S.e. Lebensmittelpunktes. Bzgl. des Aufenthaltnehmens wird nicht nur der Ortswechsel innerhalb des Bundesgebiets geschützt (interregionale Freizügigkeit), sondern auch der Ortswechsel innerh. des Gemeindegebiets (interlokale Freizügigkeit). Geschützt wird auch der nur vorübergehende Aufenthalt, sofern eine gewisse Mindestdauer (Faustregel: 24 Std.) nicht unterschritten wird, z.B. beim vorübergehenden Platzverweis.

---

friedlich

Wird negativ definiert und ist nicht mehr gegeben, wenn eine Versammlung i.S.d. Art. 8 I GG einen gewalttätigen oder aufrührerischen Verlauf nimmt. Gewalttätig: Aggressive, nicht unerhebliche körperliche Einwirkung auf Personen o. Sachen; Sitzblockaden reichen nicht. Aufrührerisch: Aktiver gewaltsamer Widerstand gegen rechtmäßig handelnde Vollstreckungs-/Polizeibeamte durch körperliche Einwirkung auf diese, wobei auch schon Einwirkungen von geringfügiger Aggressivität ausreichen. Nicht ausreichend ist allein Vermummung oder passive Bewaffnung (z.B. Schutzschild oder Helm).

Fürsorgepflicht im Beamtenrecht

Verpflichtung des Dienstherrn, den Beamten gegen unberechtigte Angriffe in Schutz zu nehmen, ihn entsprechend seiner Eignung und Leistung zu fördern, bei seinen Entscheidungen (z.B. Versetzung, Aufgabenbereichsänderung) die wohl verstandenen Interessen des Beamten in gebührender Weise zu berücksichtigen.

Gebietshoheit

Macht des Staates, auf seinem Gebiet grundsätzlich gegenüber allen Personen oder Sachen Herrschaft ausüben und die hoheitliche Einwirkung eines anderen Staates abwehren zu dürfen.

Gebot des bundesfreundlichen Verhaltens	Ist Ausprägung und Konsequenz des Bundesstaatsprinzips aus Art. 20 I GG und verpflichtet Bund und Länder zum Zusammenwirken, um die bundesstaatliche Ordnung zu erhalten und zu fördern.
gebundene Verwaltung	Behörde muss die im Gesetz angeordnete Rechtsfolge zwingend treffen, wenn die Tatbestandsvoraussetzungen vorliegen. Gegenbegriff: ⇨ Ermessen
Geeignetheit	Liegt als Teil des Verhältnismäßigkeitsgrundsatzes vor, wenn mit der Maßnahme der gewünschte Erfolg zumindest gefördert werden kann. Nicht erforderlich ist dabei, dass der erstrebte Zweck auch tatsächlich erreicht wird.
Gefahr	Sachlage oder Verhalten, das bei ungehindertem Ablauf des zu erwartenden Geschehens mit hinreichender Wahrscheinlichkeit in absehbarer Zeit ein Schutzgut der öffentlichen Sicherheit oder die öffentliche Ordnung schädigen wird.
Gefahr im Verzug	Ist gegeben, wenn zur Verhinderung eines Schadens sofort eingegriffen werden muss und ein Abwarten die Effektivität der Gefahrenbekämpfung infrage stellen oder jedenfalls einschränken würde. Beispiel: § 28 II Nr. 1 VwVfG.

Gefahrenverdacht

Polizei- oder Ordnungsbehörden verfügen über Anhaltspunkte, die auf eine Gefahr hindeuten, sind sich aber bewusst, dass ihre Erkenntnisse unvollständig sind und eine Gefahr daher möglicherweise nicht vorliegt. Die Unwägbarkeiten bei der Einschätzung der Lage können sich auf eine unklare Diagnose des Sachverhalts oder eine unsichere Prognose des weiteren Geschehensablaufs (oder auf beides) beziehen.

Gefahrerforschungseingriff

Maßnahme der Polizei- oder Ordnungsbehörde, die dazu dient, einen Gefahrenverdacht zu ermitteln. An die Verhältnismäßigkeit sind strenge Anforderungen zu stellen.

---

gegenwärtige Gefahr

Sachlage, bei der die Einwirkung des schädigenden Ereignisses bereits begonnen hat (Störung) oder mit an Sicherheit grenzender Wahrscheinlichkeit umgehend bevorsteht.

Gegenzeichnung

Übernahme der politischen Verantwortung für Anordnungen und Verfügungen des Bundespräsidenten durch den Bundeskanzler oder den zuständigen Bundesminister durch Unterzeichnung gemäß Art. 58 S. 1 GG.

Geheimheit der Wahl

Wahlgrundsatz gemäß Art. 38 I 1 GG, der das Recht des Wählers, den Inhalt seiner Wahlentscheidung für sich zu behalten, und die damit korrespondierende Pflicht des Staates beinhaltet, Vorkehrungen organisatorischer Art beim Wahlvorgang zu treffen.

Gemeingebrauch

Benutzung einer öffentlichen Straße im Rahmen der Widmung, die jedermann ohne besondere Erlaubnis gestattet ist.

---

gemischt wirtschaftliche Unternehmen

Unternehmen, an denen neben privaten Rechtssubjekten auch juristische Personen des öffentlichen Rechts (z.B. Gemeinden) beteiligt sind. Hierdurch entstehen Probleme bei der Feststellung der Grundrechtsfähigkeit (Art. 19 III GG) und der unmittelbaren Grundrechtsbindung (Art. 19 III GG).

Gesetz

Zu unterscheiden sind Gesetze im formellen und Gesetze im materiellen Sinne. Gesetze im formellen Sinne (Parlamentsgesetze) sind Rechtsnormen, die von den für die Gesetzgebung vorgesehenen Organen im von der Verfassung vorgesehenen Verfahren zustande gekommen sind. Dazu gehören nicht die Rechtsverordnungen oder die Satzungen der Exekutive. Gesetze im materiellen Sinne sind alle abstrakt generellen Regelungen mit Außenwirkung. Dazu zählen demnach neben den meisten Gesetzen im formellen Sinne auch die Rechtsverordnungen und Satzungen der Exekutive.

Gesetz im formellen Sinn

Rechtsnormen, die von den für die Gesetzgebung vorgesehenen Organen im von der Verfassung vorgesehenen Verfahren zustande gekommen sind (auch Parlamentsgesetze genannt).

Gesetz im materiellen Sinn

Alle abstrakt generellen Regelungen mit Außenwirkung. Hierzu gehören die meisten Gesetze im formellen Sinne sowie Rechtsverordnungen und Satzungen der Exekutive.

Gesetzgebungskompetenz des Bundes

Befugnis des Bundes zur Gesetzgebung. Besteht nur, sofern das GG dem Bund diese ausdrücklich zuweist (vgl. Art. 70 I, 71 ff. GG) oder dem Bund eine ungeschriebene Gesetzgebungskompetenz zugebilligt wird (Annexkompetenz, Kompetenz kraft Natur der Sache, Kompetenz kraft Sachzusammenhangs).

Gesetzmäßigkeit der Verwaltung

Der Grundsatz der Gesetzmäßigkeit der Verwaltung wird hergeleitet aus dem Rechtsstaatsprinzip, Art. 20 III GG, und beinhaltet den Grundsatz vom Vorbehalt des Gesetzes sowie den Grundsatz vom Vorrang des Gesetzes. Nach dem Grundsatz vom Vorbehalt des Gesetzes darf die Verwaltung alle wesentlichen, insbes. alle belastenden Maßnahmen nur dann treffen, wenn sie aufgrund einer gesetzlichen Ermächtigungsgrundlage hierzu berechtigt ist. Nach dem Grundsatz vom Vorrang des Gesetzes dürfen die Handlungen der Verwaltung nicht gegen Gesetze verstoßen. Der Grundsatz vom Vorrang des Gesetzes gilt für alle Handlungen der Verwaltung, unabhängig davon, ob sie nach dem Grundsatz vom Vorbehalt des Gesetzes nur mit einer gesetzlichen Ermächtigungsgrundlage ergehen dürfen. Alle Handlungen der Verwaltung müssen daher sowohl in formeller als auch in materieller Hinsicht rechtmäßig sein.

Gestaltungsklage

Klageart, mit der die Rechtslage unmittelbar durch das Urteil des Verwaltungsgerichts umgestaltet wird. Hauptanwendungsfall ist die Anfechtungsklage, da das Verwaltungsgericht den Verwaltungsakt gemäß § 113 I 1 VwGO aufhebt und damit unmittelbar die Rechtslage umgestaltet.

Gewährleistung der Vertraulichkeit und Integrität informationstechnischer Systeme

Vom BVerfG entwickeltes Grundrecht zum Schutz informationstechnischer Systeme vor heimlicher Infiltration. Eingriffe sind nur zulässig, wenn eine konkrete Gefahr für ein überragend wichtiges Gemeinschaftsgut besteht, ein Richter dies anordnet und das Gesetz Vorkehrungen zum Schutz des Kernbereichs privater Lebensgestaltung enthält.

Gewaltenteilung

Die Unterscheidung der drei Hauptfunktionen bei der Ausübung der Staatsgewalt nach Legislative, Exekutive und Judikative sowie die Zuweisung dieser Aufgaben an unterschiedliche, voneinander unabhängige Staatsorgane.

Gewerbe

Jede auf Dauer angelegte und erlaubte Tätigkeit, die auf Gewinnerzielung gerichtet ist, selbstständig ausgeübt wird und nicht Urproduktion, freier Beruf oder Verwaltung eigenen Vermögens ist.

Gewerbezentralregister

Register mit Eintragungen über gewerberechtlich relevante Tatsachen, §§ 149 ff. GewO. Das Gewerbezentralregister wird beim Bundeszentralregister geführt. Eingetragen werden in das Gewerbezentralregister z.B. Gewerbeuntersagungen oder Aufhebungen gewerberechtlicher Erlaubnisse und Genehmigungen.

Gewissensfreiheit

Dieses Grundrecht aus Art. 4 I, 2. Fall GG schützt jede ernstliche, an den Kategorien von Gut und Böse orientierte Entscheidung, die der Einzelne in einer bestimmten Lage als für sich bindend und unbedingt verpflichtend innerlich erfährt, sodass er gegen sie nicht ohne ernste Not handeln könnte. Geschützt wird nicht nur der innere Prozess der Gewissensbildung und Entscheidung (sog. forum internum), sondern auch das Recht auf die Verwirklichung einer bestimmten Gewissensentscheidung (sog. forum externum).

Glaubens- und Bekenntnisfreiheit

Dieses Grundrecht aus Art. 4 I, II GG erfasst die Freiheit, einen Glauben oder eine Weltanschauung zu bilden, zu haben, zu äußern und entsprechend zu handeln bzw. dies nicht zu tun (sog. negative Glaubens- und Bekenntnisfreiheit).

Gleichheit der Wahl

Wahlrechtsgrundsatz aus Art. 38 I 1 GG und besonderer Gleichheitssatz, durch den gewährleistet ist, dass jede abgegebene Stimme gleich zählt (gleicher Zählwert) und jede Stimme grds. den gleichen Einfluss auf das Wahlergebnis bzw. die Verteilung der Mandate haben muss (gleicher Erfolgswert), sog. aktive Wahlrechtsgleichheit. Darüber hinaus wird die Chancengleichheit der Wahlbewerber und der sie unterstützenden politischen Parteien gewährleistet, sog. passive Wahlrechtsgleichheit.

Grundmandatsklausel

Bestimmung in § 6 III 1, 2. Halbs. BWahlG, nach der Parteien an der Sitzzuteilung nach der Zweitstimme teilnehmen, wenn sie mindestens drei Direktmandate erzielen, aber weniger als 5% der Zweitstimmen erhalten haben.

Grundrechtsfähigkeit

Fähigkeit natürlicher oder juristischer Personen oder von Personenmehrheiten, Träger von Grundrechten zu sein. Sie kann problematisch sein beim nasciturus und beim Toten sowie bei Personenmehrheiten und juristischen Personen (Art. 19 III GG).

---

grundrechtsgleiche Rechte

Rechte, die materiell wie Grundrechte subjektive Abwehrrechte des Bürgers gegen den Staat enthalten, aber formal nicht im Grundrechtekatalog (Art. 1–19 GG) normiert sind; Aufzählung in Art. 93 I Nr. 4 a GG.

Grundrechtskollision

Widerstreitende Grundrechtsgewährleistung eines Grundrechtsträgers (z.B. Meinungsfreiheit zugunsten eines Beleidigers) mit der Grundrechtsgewährleistung eines anderen Grundrechtsträgers (z.B. allgemeines Persönlichkeitsrecht des Beleidigten), die durch Abwägung im Einzelfall zur Herstellung praktischer Konkordanz gelöst werden kann.

Grundrechtskonkurrenz

Betroffenheit mehrerer Grundrechte durch eine staatliche Handlung. Sofern nicht ein Grundrecht im Wege der allgemeinen Spezialität hinter einem anderen Grundrecht zurücktritt, ist im Zweifelsfall Anwendungskonkurrenz aller betroffenen Grundrechte anzunehmen. Allgemeine Spezialität liegt beim allgemeinen Freiheitsrecht aus Art. 2 I GG im Verhältnis zu besonderen Freiheitsrechten, wie z.B. Art. 2 II 1 GG, vor. Gleiches gilt im Verhältnis des allgemeinen Gleichheitsrechts aus Art. 3 I GG im Verhältnis zu besonderen Gleichheitsrechten, wie etwa Art. 3 II 1 oder Art. 3 III GG.

Grundrechtsmündigkeit

Fähigkeit einer Person, ein Grundrecht, dessen Träger sie ist (Grundrechtsfähigkeit), in möglichen Konfliktsituationen entsprechend ihrer Einsichts- und Entscheidungsfähigkeit ausüben zu können. Problematisch kann in diesem Zusammenhang sein, ob sich nichtgeschäftsfähige natürliche Personen im Rahmen einer Verfassungsbeschwerde selbstständig bzw. im eigenen Namen auf Grundrechte berufen können.

Handlungsfreiheit

Das Grundrecht schützt alle Betätigungen oder Lebensbereiche, die nicht einem speziellen Freiheitsrecht unterfallen. Erfasst werden unter anderem Schutz vor Auferlegung von Geldleistungspflichten, Gebot der Unschuldsvermutung (i.V.m. Art. 20 III GG), Rechtsschutzgarantie gegen privatrechtliche Maßnahmen, Schutz von Vertragsfreiheit und Privatautonomie sowie Schutz von Ausländern im Bereich von Deutschen-Grundrechten. Umstritten ist, ob das Grundrecht auch die Wettbewerbsfreiheit erfasst bzw. die

Freiheit vor Zwangsmitgliedschaften in öffentlich-rechtlichen Zwangskörperschaften.

Handlungsstörer

Personen, die selbst durch ihr Verhalten die Gefährdung oder Störung der öffentlichen Sicherheit oder Ordnung verursachen.

Handwerk

Gewerbe, welches handwerksmäßig betrieben wird und in der Anlage A oder der Anlage B Abschnitt 1 zur Handwerksordnung aufgeführt ist oder aber Tätigkeiten umfasst, die für dieses Gewerbe wesentlich sind, § 1 II HandwerksO. Dabei sind in der Anlage A zur HandwerksO die zulassungspflichtigen Handwerke und in Anlage B Abschnitt 1 zur HandwerksO die zulassungsfreien Handwerke geregelt. Zulassungspflichtige Handwerke dürfen nur ausgeübt werden, wenn der Handwerker in die Handwerksrolle eingetragen ist. Voraussetzung dafür ist die Ablegung der Meisterprüfung. Für die zulassungsfreien Handwerke ist dagegen eine Eintragung in die Handwerksrolle und damit eine Meisterprüfung nicht erforderlich.

Handwerksrolle

Bei der Handwerkskammer geführtes Verzeichnis über zulassungspflichtige Handwerke, die erst nach Eintragung ausgeübt werden dürfen.

Heilung von Verfahrensfehlern
Möglichkeit für die Behörde, gemäß § 45 VwVfG durch nachträgliche Handlung Verfahrens- und Formfehler zu heilen.

Herren-Chiemsee-Entwurf
Erster Entwurf des Grundgesetzes durch Sachverständige in Herren-Chiemsee vom August 1948.

Homogenitätsprinzip
Gemäß Art. 28 I 1 GG müssen die Landesverfassungen jedenfalls in den Grundzügen den Vorgaben und Ausprägungen des Rechtsstaatsprinzips auf Bundesebene in der Auslegung des BVerfG entsprechen.

---

horizontale Gewaltenteilung
Aufteilung der staatlichen Gewalt gemäß Art. 20 II 2 GG auf Legislative, Exekutive und Judikative zur Begrenzung und Kontrolle der Staatsgewalt und zum Schutz der Freiheit des Einzelnen.

Immunität
Auf die Dauer der Zugehörigkeit des Abgeordneten zum Bundestag beschränktes Verfahrenshindernis, dass zur Folge hat, dass ein Abgeordneter wegen jedweder mit Strafe bedrohten Handlung nicht zur Verantwortung gezogen oder verhaftet werden kann, es sei denn, der Bundestag hebt das Verfahrenshindernis auf oder der Abgeordnete wird bei Begehung der Tat oder am darauffolgenden

Tag festgenommen, vgl. Art. 46 II–IV GG i.V.m. Anlage 6 zur GO des Bundestages.

---

imperatives Mandat

Abgeordneter ist ausschließlich willenloses Sprachrohr seiner Partei und entscheidet nicht entsprechend Art. 38 I 2 GG ausschließlich nach seiner eigenen Überzeugung und seinem eigenen Gewissen.

Indemnität

Dauerndes Verfahrenshindernis, dass einer Sanktionierung der Mitglieder des Bundestages für ihr Abstimmungsverhalten und für Äußerungen im Bundestag und einem seiner Ausschüsse gemäß Art. 46 I GG entgegensteht und damit zur Unzulässigkeit eines Verfahrens führt. Ausgenommen sind nur verleumderische Beleidigungen. Sie dürfen deshalb gerichtlich oder dienstlich verfolgt oder sonst außerhalb des Bundestages zur Verantwortung gezogen werden.

Indigenat, gemeinsames

Nach Art. 33 I GG hat jeder Deutsche in jedem Land die gleichen staatsbürgerlichen Rechte und Pflichten.

Individualverfassungsbeschwerde

Verfassungsprozessualer Rechtsbehelf, mit dem „jedermann", also jede grundrechtsberechtigte Person, eine Verletzung eigener

Grundrechte durch einen Akt öffentlicher Gewalt geltend machen kann, Art. 93 I Nr. 4 a GG.

informationelle Selbstbestimmung Unterfall des allgemeinen Persönlichkeitsrechts aus Art. 2 I, 1 I GG, dass die Befugnis des Einzelnen zum Gegenstand hat, grds. selbst zu entscheiden, wann und innerhalb welcher Grenzen persönliche Lebenssachverhalte (personenbezogene Daten) offenbart und von öffentlichen Stellen verwendet werden; vgl. auch §§ 1, 3 BDSG.

Inhalts- und Schrankenbestimmung Jede staatliche Beeinträchtigung von Eigentum oder eigentumsähnlichen Rechten i.S.v. Art. 14 I GG, die nicht Enteignung ist; vgl. auch Art. 14 I, II GG.

Inhaltsbestimmung Beschränkung des Inhaltes der Regelung des Verwaltungsakts, die so eng mit der Hauptregelung verbunden ist, dass diese ohne die Inhaltsbestimmung völlig sinnlos wäre. Inhaltsbestimmungen zum Verwaltungsakt sind nicht mit der Anfechtungsklage isoliert angreifbar, vielmehr muss der Kläger eine Verpflichtungsklage auf Erlass eines neuen, anderen Verwaltungsaktes erheben.

Inkompatibilität Ergänzt die horizontale Gewaltenteilung insoweit, als auch Personen nicht Mitglied bzw. Angehöriger von zwei verschiedenen staatlichen Gewalten (z.B. Gesetzgebung und Exekutive) sein sollen. Beispiele: Art. 66, 94 I 3, 137 GG, z.B. i.V.m. § 5 AbgeordnetenG.

---

inkongruente Prüfungskompetenz

Liegt bei der Beteiligung mehrerer Behörden am Erlass nur eines Verwaltungsakts vor, wenn eine Mitwirkungsbehörde bestimmte Gesichtspunkte ausschließlich und eigenständig prüft, sodass bereits die darauf folgende Entscheidung der Mitwirkungsbehörde nach h.M. Außenwirkung und damit VA-Qualität hat.

Interessentheorie

Möglichkeit der Abgrenzung zwischen öffentlichem Recht und Privatrecht. Nach der Interessentheorie, die auf den römischen Juristen Ulpian zurückgeht, ist eine Rechtsnorm öffentlich-rechtlich, wenn sie überwiegend dem öffentlichen Interesse dient und zivilrechtlich, wenn überwiegend Individualinteressen geschützt werden.

Inzidentkontrolle

Muss vom Verwaltungsgericht durchgeführt werden, wenn die Hauptfrage des Prozesses von einer Nebenfrage abhängt. Klagt der Bürger gegen einen an ihn gerichteten Verwaltungsakt, der auf eine Rechtsverordnung oder Satzung gestützt wird, kann das Verwaltungsgericht inzident die Rechtmäßigkeit der Rechtsverordnung oder Satzung prüfen.

Judikative

Die Recht sprechende Gewalt, auch dritte Gewalt genannt. Nach Art. 92 GG ist die Recht sprechende Gewalt den Richtern anvertraut. Sie wird durch das Bundesverfassungsgericht, durch die Bundesgerichte und durch die Gerichte der Länder ausgeübt.

---

juristische Person

Juristisches Gedankengebilde, das mit eigenen Rechten und eigenen Pflichten ausgestattet ist (Rechtsfähigkeit). Im öffentlich-rechtlichen Bereich unterscheidet man die Körperschaft, die Anstalt und die Stiftung. Zu den Einzelbegriffen vgl. dort.

Justizverwaltungsakt

Verwaltungsakt, der von den Justizbehörden auf den Gebieten des bürgerlichen Rechts, der Strafrechtspflege und von den Vollzugsbehörden beim Vollzug von Strafen getroffen wird. Die Besonderheit bei Justizverwaltungsakten ist, dass Streitigkeiten nicht auf dem Verwaltungsrechtsweg, sondern nach der abdrängenden Sonderzuweisung der §§ 23 ff. EGGVG den ordentlichen Gerichten zugewiesen sind.

Kabinettsprinzip

Grundsatz, nach dem die Bundesregierung als Kollegialorgan entscheiden muss, wenn es in ressortübergreifenden Fragen nicht zu einer Einigung zwischen den beteiligten Ministerien kommt, Art. 65 S. 3 GG.

Kanzlerprinzip

Grundsatz, nach dem der Bundeskanzler die Richtlinien der Politik bestimmt und dafür die Verantwortung trägt, Art. 65 S. 1 GG. Richtlinien der Politik sind alle grundlegenden und richtungsbestimmenden politischen Entscheidungen im Bereich der Regierung aber auch bedeutsame Einzelfragen; vgl. auch §§ 1 und 2 Geschäftsordnung der Bundesregierung.

Kehrseitentheorie

⇨ actus contrarius

Kernkompetenz

Sachmaterien der konkurrierenden Gesetzgebung (Art. 74 I GG), die nicht in Art. 72 II GG genannt sind, in denen der Bund die Gesetzgebungskompetenz hat, ohne dass eine bundesgesetzliche Regelung erforderlich sein müsste.

Klagebefugnis

Liegt vor, wenn der Kläger geltend macht, durch den Verwaltungsakt oder seine Ablehnung oder Unterlassung in seinen Rechten verletzt zu sein, § 42 II VwGO. Dient dem Ausschluss von Popularklagen. Ist nach h.M. nicht nur Zulässigkeitsvoraussetzung von Anfechtungs- und Verpflichtungsklagen, sondern auch für die übrigen Klagearten, das Widerspruchsverfahren sowie für Verfahren im einstweiligen Rechtsschutz.

Klagehäufung, objektive

Das Verfolgen mehrerer Klagebegehren in einem verwaltungsgerichtlichen Verfahren, das gemäß § 44 VwGO nur zulässig ist, wenn sich die Begehren gegen denselben Beklagten richten, im Zusammenhang stehen und dasselbe Gericht zuständig ist.

Klagehäufung, subjektive

Liegt vor, wenn in einem Verfahren mehrere Kläger oder mehrere Beklagte auftreten, und richtet sich gemäß § 64 VwGO nach den Vorschriften über die Streitgenossenschaft in den §§ 59 ff. ZPO.

Koalitionsfreiheit

Besondere Form der Vereinigungsfreiheit, die gemäß Art. 9 III 1 GG das Recht schützt, Vereinigungen zur Wahrung und Förderung der Arbeits- und Wirtschaftsbedingungen zu bilden. Arbeitsbedingungen beziehen sich auf das Arbeitsverhältnis selbst, wie z.B. Lohnbedingungen, Arbeitszeit und -schutz, Urlaub. Wirtschaftsbedingungen können auch wirtschafts- oder sozialpolitischen Bezug haben, wie z.B. Arbeitsplatzgarantien, Verringerung der Arbeitslosigkeit oder neue Technologien.

Kodifikationsprinzip

Gilt im Bereich der meisten Gegenstände von Art. 74 I Nr. 1 GG und erlangt Bedeutung bei der Frage, ob der Bund i.S.v. Art. 72 I GG von seiner Gesetzgebungsbefugnis Gebrauch gemacht hat. Das Kodifikationsprinzip bedeutet, dass die Länder nicht nur bei ausdrücklicher bundesrechtlicher Regelung ausgeschlossen sind, sondern auch dann, wenn noch keine bundesgesetzliche Regelung existiert, aber der Bund z.B. durch Art. 55 EGBGB angedeutet hat, dass er zu einer umfassenden Gesamtkodifikation z.B. des BGB angesetzt hat, die er grds. nicht durch landesunterschiedliche Regelungen verwässert haben will.

Kollegialprinzip

⇨ Kabinettsprinzip

Kommunalverfassungsbeschwerde

Verfassungsprozessualer Rechtsbehelf, mit dem Gemeinden und Gemeindeverbände die Verletzung ihres Rechts auf kommunale Selbstverwaltung aus Art. 28 II GG durch Bundes- oder Landesgesetz geltend machen können. Ist bei der möglichen Verletzung durch Bundesgesetz vor dem BVerfG zu erheben. Bei der Verletzung durch Landesgesetz kommt eine Kommunalverfassungsbeschwerde vor dem Landesverfassungsgericht in Betracht, sofern die Landesverfassung dies vorsieht; ist dies nicht der Fall, kann auch bei der Verletzung durch Landesgesetz Kommunalverfassungsbeschwerde zum BVerfG erhoben werden.

---

kongruente Prüfungskompetenz

Ist bei der Beteiligung mehrerer Behörden am Erlass eines Verwaltungsaktes gegeben, wenn eine Mitwirkungsbehörde dieselben

Gesichtspunkte prüft wie die Genehmigungsbehörde. Hat zur Folge, dass nur die endgültige Entscheidung der Genehmigungsbehörde Rechtswirkungen gegenüber dem Bürger zeigt, sodass die Entscheidung der Mitwirkungsbehörde nach h.M. nicht als Verwaltungsakt zu qualifizieren ist.

---

konkrete Normenkontrolle

Verfassungsprozessualer Rechtsbehelf, mit dem ein Gericht die Entscheidung des BVerfG über die Vereinbarkeit eines formellen nachkonstitutionellen Gesetzes mit höherrangigem Bundesrecht, insbesondere dem GG, herbeiführen kann, Art. 100 I GG, sofern die Norm für die Streitigkeit entscheidungserheblich ist und das vorlegende Gericht von der Verfassungswidrigkeit der Norm überzeugt ist.

---

konkurrierende Gesetzgebungskompetenz

Gesetzgebungszuständigkeit des Bundes für bestimmte Sachgebiete, von der er unter bestimmten Voraussetzungen Gebrauch machen darf, je nachdem ob eine Kernkompetenz, eine Bedarfskompetenzen oder Abweichungsgesetzgebung vorliegt. Solange und soweit der Bund von dieser Zuständigkeit keinen Gebrauch macht, haben die Länder in diesen Bereichen das Recht zur Gesetzgebung, Art. 72 I GG.

---

konstruktives Misstrauensvotum

Möglichkeit der Abwahl eines Bundeskanzlers, indem ein neuer Bundeskanzler mit der Mehrheit der Mitglieder des Bundestages gewählt und der Bundespräsident um Entlassung des bisherigen Bundeskanzlers ersucht wird, Art. 67 GG.

---

kooperativer Föderalismus

Formen des durch Vereinbarung aufeinander abgestimmten Verhaltens von Bund und Ländern z.B. bei der Bildungsplanung (vgl. Art. 91 b GG) oder bei Finanzhilfen (vgl. Art. 104 a IV GG).

---

koordinationsrechtlicher öffentlich-rechtlicher Vertrag

Öffentlich-rechtlicher Vertrag zwischen Rechtsträgern, die prinzipiell gleichgeordnet sind, weil keiner dem anderen gegenüber Weisungen erteilen oder Verwaltungsakte erlassen darf, z.B. Vertrag zwischen zwei Hoheitsträgern.

Körperschaft

Sind durch staatlichen Hoheitsakt geschaffene Personenzusammenschlüsse, die aus Mitgliedern bestehen, aber vom Wechsel dieser unabhängig sind, und als juristische Personen des öffentlichen Rechts öffentliche Aufgaben wahrnehmen. Formen: Gebietskörperschaft, Personalkörperschaft, Realkörperschaft, Verbandskörperschaft.

Kriegsdienstverweigerung	Durch Art. 4 III 1 GG geschütztes Recht, den Dienst mit der Waffe im Krieg und im Frieden schlechthin und allgemein abzulehnen. Durch die Abschaffung der Wehrpflicht faktisch ohne Bedeutung.
Kunst	Kunst i.S.v. Art. 5 III 1, 1. Fall GG ist jede Tätigkeit und jedes Ergebnis der herkömmlich anerkannten Gegenstände der Kunst (Musik, Theater, Malerei, Literatur usw.); sog. formaler Kunstbegriff. Wesentlich für die künstlerische Betätigung ist die freie schöpferische Gestaltung als unmittelbarer Ausdruck der individuellen Persönlichkeit des Künstlers, sodass Kunst Ausdruck schöpferischen Gestaltens ist; sog. materieller Kunstbegriff. Unabhängig davon, welchem Kunstbegriff man folgt, ist bei der rechtlichen Würdigung von mehreren möglichen Interpretationen eines Kunstwerkes diejenige zugrunde zu legen, in der das Kunstwerk fremde Rechte bzw. andere Rechtspositionen nicht beeinträchtigt.
Landesmittelbehörden	Den obersten Landesbehörden unmittelbar nachgeordnete Behörden der unmittelbaren Landesverwaltung, die grds. nur für einen Teil des Landesgebiets zuständig sind (z.B. die Bezirksregierung bzw. die Regierungspräsidenten).

Landesoberbehörden

Den obersten Landesbehörden unmittelbar nachgeordnete Behörden der unmittelbaren Landesverwaltung, die grds. für das ganze Landesgebiet zuständig sind (z.B. Landeskriminalamt).

Landesverwaltung

Ausführung der Bundesgesetze durch die Länder, Art. 83 ff. GG. Zu unterscheiden sind die unmittelbare und mittelbare Landesverwaltung. Eine unmittelbare Landesverwaltung liegt vor, wenn das Land der Verwaltungsträger der handelnden Behörden ist. Dies ist der Fall, wenn die Behörden aus dem Landeshaushalt finanziert werden und die Beschäftigten Landesbedienstete sind. Überträgt das Land die Aufgaben nicht auf eigene Behörden, sondern auf andere juristische Personen des öffentlichen Rechts, so spricht man von der mittelbaren Landesverwaltung.

---

latente Gefahr

Ein Zustand, der zwar noch nicht aktuell gefährlich ist, wohl aber zu späterer Zeit und unter besonderen Verhältnissen gefährlich werden könnte. Ist keine Gefahr i.S.d. Polizei- und Ordnungsrechtes.

---

latenter Störer

Eine Person, deren Verhalten zwar aktuell noch keine Gefahr verursacht hat, wohl aber zu späterer Zeit und unter besonderen Verhältnissen eine Gefahr verursachen könnte. Verwendung der Rechtsfigur heute nach h.M. nicht mehr erforderlich, da entsprechende Fälle aufgrund neuer Rechtsvorschriften gelöst werden können.

Legalisierungswirkung

Geht von einer wirksamen behördlichen Genehmigung aus und verhindert das polizei- oder ordnungsrechtliche Vorgehen gegen eine Person, die sich exakt im Rahmen dieser Genehmigung hält, aufgrund solcher Gefahren, die beim Erlass der Genehmigung objektiv für die Behörde erkennbar waren (h.M.).

Lüth-Urteil

Entscheidung des BVerfG (BVerfGE 7, 198) zur Meinungsfreiheit (Art. 5 I GG), in dem das BVerfG die „Wechselwirkungslehre" entwickelte. Zudem stellte das BVerfG fest, dass es keine Superrevisionsinstanz sei und dass die Grundrechte eine objektive Werteordnung für alle Rechtsbereiche sei.

Marktverkehr

Veranstaltung von Messen, Ausstellungen und Märkten gemäß §§ 64 ff. GewO. Grds. gelten für den Marktverkehr die Vorschriften für das stehende Gewerbe bzw. das Reisegewerbe, wenn nicht die Veranstaltung durch eine förmliche Festsetzung gemäß § 69 GewO privilegiert wird.

Maßnahme

Merkmal des Verwaltungsaktes. Maßnahme ist jede Handlung, die einen Erklärungsgehalt hat. Dem Merkmal kommt i.d.R. keine eigenständige Bedeutung zu. Die Maßnahme der Behörde kann grds. in jeglicher Form vorgenommen werden (z.B. die erhobene Hand eines Verkehrspolizisten).

---

materielle Illegalität

Voraussetzung für Abriss- bzw. Beseitigungsverfügungen und nach h.M. für Nutzungsuntersagungen, die erfüllt ist, wenn das Bauvorhaben im Widerspruch zu öffentlich-rechtlichen Vorschriften, insbesondere zu bauplanungsrechtlichen oder bauordnungsrechtlichen Vorschriften steht.

---

materielle Rechtmäßigkeit eines Verwaltungsaktes

Inhaltliche Richtigkeit der Regelung eines Verwaltungsaktes, die gegeben ist, wenn die tatbestandlichen Voraussetzungen der Ermächtigungsgrundlage vorliegen, die allgemeinen Rechtmäßigkeitsanforderungen erfüllt sind sowie eine zulässige Rechtsfolge gewählt wurde.

---

materielle Teilbarkeit des Verwaltungsaktes

Ist nach h.M. Voraussetzung für die Begründetheit der isolierten Anfechtungsklage gegen eine Nebenbestimmung und gegeben, wenn der Hauptverwaltungsakt auch ohne die Nebenbestimmung rechtmäßig bestehen bleiben kann.

Mehrheitswahl Art, den Sieger einer Wahl durch absolute oder relative Stimmenmehrheit zu bestimmen. Wird die Mehrheitswahl bei Wahlen zu Parlamenten verwendet, führt sie zwar zu stabilen Regierungsverhältnissen, benachteiligt aber Minderheiten. Wird bei der Wahl zum deutschen Bundestag für die Verteilung der Direktmandate verwendet.

Meinungsfreiheit Recht auf Äußerung und Verbreitung einer Meinung gemäß Art. 5 I 1, 1. Fall GG, für die das Element der Stellungnahme, des Dafürhaltens oder des Meinens im Rahmen einer geistigen Auseinandersetzung oder einer sonstigen sozialen Kommunikation maßgeblich ist.

Meisterprüfung Verfahren zur Feststellung, dass der Geprüfte befähigt ist, ein zulassungsfähiges Handwerk meisterhaft auszuüben und selbstständig zu führen sowie Lehrlinge ordnungsgemäß auszubilden, § 45 II HandwO.

Menschenwürde Wird überwiegend über die Verletzung derselben definiert, die gegeben ist, wenn der Betroffene einer Behandlung ausgesetzt wird, die seine Subjektivqualität infrage stellt, oder die Behandlung im konkreten Fall eine willkürliche Missachtung seiner Würde darstellt. Die Behandlung durch die öffentliche Hand, die das Gesetz vollzieht, muss demnach, wenn sie die Menschenwürde berühren soll, Ausdruck der Verachtung des Wertes, der dem Menschen kraft seines Personseins zukommt, also eine in diesem Sinne verächtliche Behandlung sein. Gemäß Art. 1 I GG ist die Menschenwürde unantastbar.

Mephisto-Beschluss

Entscheidung des BVerfG (BVerfGE 30, 173), in der das postmortale Persönlichkeitsrecht entwickelt wurde. Danach erstreckt sich der Schutz der Würde des Menschen über den Tod hinaus.

Mischverwaltung

Verbindung von Landes- und Bundesbehörden, die aufgrund des vorherrschenden Trennungsprinzips grundsätzlich unzulässig ist, es sei denn, dass das GG ausdrücklich etwas anderes anordnet, vgl. Art. 85 III, IV GG.

---

mittelbare Bundesverwaltung

Liegt vor, wenn der Bund öffentliche Aufgaben durch eine Anstalt oder Körperschaft durchführen lässt, die nur der Rechtsaufsicht des zuständigen Bundesministeriums unterliegen. Körperschaft im o.g. Sinne ist z.B. die Deutsche Rentenversicherung Bund gemäß Art. 87 II GG; Anstalt ist z.B. die Bundesanstalt für Güterfernverkehr gemäß Art. 87 III 1 GG.

AB CD EF GH IJK LM NO PQ RS TU VW XYZ

mittelbare Diskriminierung

Liegt vor, wenn dem Anschein nach neutrale Vorschriften, Kriterien oder Verfahren Personen gegenüber anderen Personen in besonderer Weise benachteiligen, es sei denn, die betreffenden Vorschriften, Kriterien oder Verfahren sind durch ein rechtmäßiges Ziel sachlich gerechtfertigt.

---

modifizierte Genehmigung

Inhaltsbestimmung zu einem Verwaltungsakt, mit der dem Bürger eine andere Regelung als die beantragte angeboten wird, während der Erlass der beantragten Genehmigung verweigert wird. Abzugrenzen ist dies von einem Verwaltungsakt, der unter Nebenbestimmungen erteilt wird.

Möglichkeit der Maßnahme

Allgemeine Rechtmäßigkeitsanforderung für Verwaltungsakte, die nur erfüllt ist, wenn der Bürger die in dem Verwaltungsakt angeordnete Maßnahme erfüllen kann. Anderenfalls ist der Verwaltungsakt bei objektiver tatsächlicher Unmöglichkeit gemäß § 44 II Nr. 4 VwVfG nichtig, bei subjektivem Unvermögen bei unvertretbaren Handlungen analog § 44 II Nr. 4 VwVfG nichtig, bei vertretbaren Handlungen materiell rechtswidrig. Verlangt die Behörde vom Bürger die Begehung eines rechtswidrigen Tat, die einen Straf- oder Bußgeldtatbestand verwirklicht, tritt nach § 44 II Nr. 5 VwVfG ebenfalls Nichtigkeit ein. Sonstige Fälle rechtlicher Unmöglichkeit (z.B. entgegenstehende Eigentumsrechte eines Dritten) führen hingegen nur zu einem Vollstreckungshindernis, dass durch die Behörde durch Erlass einer Duldungsverfügung beseitigt werden kann.

Nachbar im Baurecht

Nicht nur der der unmittelbare Angrenzer, sondern derjenige, dessen Grundstück im Einwirkungsbereich des Vorhabens liegt, der sich nach Art und Intensität der zu erwartenden Beeinträchtigungen richtet. Gilt jedoch nach h.M. nur für den Eigentümer des betroffenen Grundstücks, nicht für den sonst dinglich Berechtigten.

Nachbarschutz bauordnungsrechtlicher Vorschriften

Ein Nachbarschutz bzw. Drittschutz besteht ausnahmsweise dann, wenn diese Vorschriften auch Individualinteressen, wie Leben, Körper und Gesundheit der Anlieger, schützen sollen, wie z.B. Vorschriften über Abstandsflächen oder Brandschutzvorschriften.

Nachbarschutz baurechtlicher Vorschriften

Eine Rechtsnorm des öffentlichen Baurechts hat dann nachbar- oder drittschützenden Charakter, wenn sie nicht nur die Interessen der Allgemeinheit und nicht nur faktisch die Interessen des Einzelnen schützt, sondern nach ihrer Zweckbestimmung zumindest auch auf den Schutz gerade dieser Individualinteressen gerichtet ist. Indizien: Begriff „Nachbarschaft" im Wortlaut oder Ziel der

Norm, aktive oder passive Umweltkonflikte nicht entstehen zu lassen.

Nachbarschutz für Gemeinden

Subjektiv öffentliche Rechte zugunsten der Gemeinde ergeben sich insbes. aus § 36 I 1 BauGB (Fehlen des erforderlichen Einvernehmens) oder aus § 2 II 2 BauGB (interkommunales Abstimmungsgebot).

Nachholung der Begründung

Nachträgliche Mitteilung der wesentlichen Gründe für den Erlass eines Verwaltungsakts, die den im Verstoß gegen § 39 VwVfG liegenden formellen Fehler gemäß § 45 I Nr. 2 VwVfG heilt. Kann insbesondere durch die gemäß § 73 III VwGO vorgeschriebene Begründung des Widerspruchsbescheids durch die Widerspruchsbehörde erfolgen.

---

nachkonstitutionelle Gesetze

Darunter fallen zunächst alle Gesetze (Parlamentsgesetze, Rechtsverordnungen und Satzungen), die insgesamt nach dem 23.05. 1949 (Inkrafttreten des Grundgesetzes = Konstitution) erlassen worden sind. Des Weiteren fallen alle Gesetze darunter, die zwar vor 1949 erlassen, jedoch zumindest teilweise nach 1949 in den Willen des nachkonstitutionellen Gesetzgebers durch Änderung einzelner Vorschriften aufgenommen worden sind (z.B. im BGB, zu ersehen aus der FN zum jeweiligen Gesetz oder durch Verweisung [z.B. Art. 140 GG verweist auf Art. 136 ff. der Weimarer Reichsverfassung]).

Nachschieben von Gründen

Ergänzung einer inhaltlichen Begründung eines Verwaltungsakts während des Verwaltungsprozesses, die zulässig ist, wenn der Verwaltungsakt nicht in seinem Wesen geändert wird, die Gründe bis spätestens zum Abschluss des Widerspruchsverfahrens vorgelegen haben und der Betroffene nicht in seiner Rechtsverteidigung beeinträchtigt wird.

---

ne bis in idem

In Art. 103 III GG abgesicherter Grundsatz, der dem einzelnen Bürger zur Verwirklichung des Gebotes der Rechtssicherheit Schutz vor einer mehrfachen Ausübung des staatlichen Bestrafungsmonopol gewährt.

Nebenbestimmung zum Verwaltungsakt

Begrenzung der Regelung eines Verwaltungsaktes in der Form einer Befristung, einer Bedingung, eines Widerrufsvorbehalt, einer Auflage oder eines Auflagenvorbehalt, vgl. § 36 II VwVfG, die nicht den Inhalt der Regelung des Verwaltungsakts beschränkt (dann Inhaltsbestimmung). Zu den einzelnen Nebenbestimmungen vgl. dort.

Neue Formel bei Art. 3 GG

Formel zur Überprüfung der sachlichen Rechtfertigung von Ungleichbehandlungen. Ob eine Ungleichbehandlung gerechtfertigt ist, bestimmt sich im Rahmen des Grundsatzes der Verhältnismäßigkeit danach, ob der Zweck der ungleichen Behandlung höher wiegt als das Interesse der ungleich behandelten Person an Gleichbehandlung.

Nichtigkeit des Verwaltungsaktes

Unwirksamkeit des Verwaltungsakts gemäß § 43 III VwVfG durch schwerwiegende Verletzung von formellem oder materiellem Recht. Sie tritt bei Vorliegen eines zwingenden Nichtigkeitsgrundes aus § 44 II VwVfG ein oder bei Vorliegen eines besonders schwerwiegenden Fehlers, wenn dieser nach Würdigung aller Einzelfallumstände offensichtlich ist, § 44 I VwVfG.

Nichtstörer

Personen, die zur Bekämpfung einer Gefahr für die öffentliche Sicherheit oder Ordnung in Anspruch genommen werden, aber weder Verhaltens- noch Zustandsstörer sind.

Normenkontrollverfahren

Verwaltungsprozessuales Verfahren vor dem OVG gemäß § 47 VwGO, mit dem der Antragsteller die Überprüfung der Gültigkeit von Satzungen nach dem BauGB oder von anderen im Rang unter den Landesgesetzen stehenden Rechtsvorschriften veranlasst.

⇨ Nichtstörer

Notstandspflichtiger

---

nulla poena sine lege

Gilt für das Kriminalstrafrecht, das Ordnungswidrigkeitenrecht sowie (str.) das Disziplinar- und Standesrecht und bedeutet für Maßnahmen in diesem Bereich einen Gesetzesvorbehalt sowie das Verbot rückwirkender Strafbegründung und Strafverschärfung, vgl. Art. 103 III GG.

---

oberste Landesbehörden

Behörden auf der höchsten Stufe des dreistufigen Verwaltungsaufbaus in der unmittelbaren Landesverwaltung (Landesregierung, Ministerpräsident, Landesministerien). Den obersten Landesbehörden sind die Landesober- und die Landesmittelbehörden unmittelbar nachgeordnet.

---

objektiv berufsregelnde Tendenz

Dient zur Bestimmung des Eingriffscharakters staatlicher Maßnahmen im Rahmen von Art. 12 GG und liegt bei staatlichen Maßnahmen vor, die lediglich tatsächliche (mittelbare) Auswirkungen auf die Freiheit der Berufsausübung i.S.d. Art. 12 I GG haben, sofern diese eine Beeinträchtigung von einiger Erheblichkeit nach sich ziehen und objektiv vorhersehbar sind.

---

objektive Wertordnung

Ergibt sich aus den Grundrechten, die objektive Wertentscheidungen der Verfassung für das gesamte staatliche und gesellschaftliche Leben enthalten. Aus diesem Grund sind z.B. Grundrechte Vorgaben für die Wirksamkeit, Auslegung und Anwendung einfachen Rechts, begründen abgeschwächt aber auch eine Grundrechtsbindung Privater (mittelbare Drittwirkung von Grundrechten im Privatrecht).

öffentlich-rechtliche GoA

Ansprüche aus Geschäftsführung ohne Auftrag im öffentlich-rechtlichen Bereich, die sich nach h.M. für den nicht spezialgesetzlich geregelten Bereich aus einer analogen Anwendung der §§ 677, 683, 670 BGB ergeben. Bedürfnis für eine solche Analogie besteht insbesondere, wenn ein Bürger für einen Hoheitsträger handelt, da dann eine mit den Vorschriften des BGB vergleichbare Interessenlage gegeben ist.

öffentlich-rechtliche Streitigkeit

Eine Streitigkeit ist öffentlich-rechtlich, wenn sich der Streitgegenstand als unmittelbare Folge des öffentlichen Rechts darstellt. Dies ist dann der Fall, wenn ein Fall der Eingriffsverwaltung vorliegt, die streitentscheidende Norm eine solche des öffentlichen Rechts ist oder der Streitgegenstand im Sachzusammenhang mit öffentlichem Recht steht.

öffentlich-rechtlicher Erstattungsanspruch

Anspruch auf Rückabwicklung rechtsgrundloser Vermögensverschiebungen im öffentlichen Recht, der sich entweder aus spezialgesetzlichen Regelungen (z.B. § 49 a I VwVfG) ergibt oder als ungeschriebener Anspruch aus dem Grundsatz der Rechtmäßigkeit des Verwaltungshandelns, Art. 20 III GG, abgeleitet wird und gewohnheitsrechtlich anerkannt ist.

öffentlich-rechtlicher Unterlassungsanspruch

Anspruch auf Unterlassen rechtswidriger Eingriffe in subjektiv-öffentliche Rechte des Bürgers durch hoheitliches Handeln, der gesetzlich nicht geregelt, aber gewohnheitsrechtlich anerkannt ist und überwiegend aus der Abwehrfunktion der Grundrechte hergeleitet wird.

öffentlich-rechtlicher Vertrag

Vertragliche Regelung auf dem Gebiet des öffentlichen Rechts, §§ 54 ff. VwVfG, die gegeben ist, wenn sich der Vertragsgegenstand auf einen Sachbereich bezieht, der nach öffentlich-rechtlichen Regeln zu beurteilen ist.

öffentliche Ordnung

Gesamtheit der ungeschriebenen Regeln, deren Befolgung nach den jeweils herrschenden sozialen und ethischen Anschauungen als unerlässliche Voraussetzung für ein gedeihliches Zusammenleben innerhalb eines bestimmten Gebiets angesehen wird. Beispiele: Nacktes Radfahren; aggressives Betteln; Aufmärsche von rechtsextremen Gruppen, die an die Nazizeit erinnern; Tötungsspiele.

öffentliche Sicherheit

Schutzgüter der öffentlichen Sicherheit sind die objektive Rechtsordnung, alle Individualrechtsgüter, die Funktionsfähigkeit staatlicher Einrichtungen und sonstige kollektive Schutzgüter (str.).

öffentliches Recht

Alle Rechtsnormen, die dem öffentlichen Interesse dienen (Interessentheorie) bzw. aus denen sich ein Über- und Unterordnungsverhältnis zwischen Staat und Bürger ergibt (Subordinationstheorie/ Sonderrechtstheorie) bzw. die einen Träger hoheitlicher Gewalt als solchen einseitig berechtigten oder verpflichten.

Organisationsgewalt

Der Bereich, den die Exekutive völlig eigenverantwortlich ohne Beteiligung des Parlaments bzw. der Legislative regeln kann.

Organstreitverfahren

Verfassungsprozessualer Rechtsbehelf gemäß Art. 93 I Nr. 1 GG, mit dem Streitigkeiten betreffend Umfang und Rechte und Pflichten eines obersten Bundesorgans oder anderer am Verfassungsleben Beteiligter entschieden werden.

---

parlamentarischer Rat

Das von Mitgliedern der Landtage gewählte Gremium erarbeitete in den Jahren 1948 und 1949 die endgültige Fassung des Grundgesetzes auf der Grundlage des Herren-Chiemsee-Entwurfs und verabschiedete am 08.05.1949 die endgültige Fassung.

Parlamentsvorbehalt

Auslegung des aus Art. 20 I, III GG abgeleiteten Grundsatzes vom Vorbehalt des Gesetzes, nach dem der Gesetzgeber alle Entscheidungen, die für das Zusammenleben im Staate wesentlich sind, selbst durch formelles Gesetz treffen muss und die Regelungsbefugnis nicht auf den Verordnungs- oder Satzungsgeber übertragen darf.

Partei

Parteien sind Vereinigungen von Bürgern, die dauernd oder für längere Zeit für den Bereich des Bundes oder eines Landes auf die politische Willensbildung Einfluss nehmen und an der Vertretung des Volkes im Deutschen Bundestag oder einem Landtag mitwirken wollen, wenn sie nach dem Gesamtbild der tatsächlichen Verhältnisse, insbesondere nach Umfang und Festigkeit ihrer Organisation, nach der Zahl ihrer Mitglieder und nach ihrem Hervortreten in der Öffentlichkeit eine ausreichende Gewähr für die Ernsthaftigkeit dieser Zielsetzung bieten, Legaldefinition in § 2 I 1 ParteiG.

Parteienprivileg	Ausdruck der erhöhten Schutz- und Bestandsgarantie politischer Parteien aufgrund ihrer Sonderstellung im Verfassungsleben, nach dem keine staatliche Stelle geltend machen darf, die Partei sei verfassungswidrig, solange das BVerfG die Partei nicht verboten hat, Art. 21 II 2 GG.
passive Wahlrechtsgleichheit	Gewährleistet die Chancengleichheit der Wahlbewerber und der sie unterstützenden politischen Parteien als Ausprägung des Wahlrechtsgrundsatzes der Gleichheit der Wahl aus Art. 38 I GG.
Personalhoheit	⇨ Staatsvolk
personelle Gewaltenteilung	⇨ Inkompatibilität
Petitionsrecht	Für jedermann bestehendes, in Art. 17 GG garantiertes Recht, sich einzeln oder in Gemeinschaft mit anderen schriftlich mit Bitten oder Beschwerden an die zuständigen Stellen und an die Volksvertretung zu wenden. Bitten richten sich auf ein künftiges Verhalten, Beschwerden gegen vergangenes Verhalten. Volksvertretung sind Gemeinderäte, Kreistage, Landtage und Bundestag; zuständige Stellen sind alle anderen Stellen und Behörden öffentlicher Einrich-

tungen. Das Grundrecht enthält für den jeweiligen Adressaten auch eine Erledigungspflicht, d.h. eine Pflicht zur Entgegennahme, Kenntnisnahmeprüfung und zum Erlass eines Petitionsbescheides.

Pflege und Erziehung

Gemeinsames Merkmal dieser beiden Begriffe aus Art. 6 II, III GG ist die Sorge für das körperliche und seelische Wohl des Kindes („Sorgerecht"). „Pflege" bedeutet die Personensorge im Hinblick auf die körperliche und geistig charakterliche Entwicklung; „Erziehung" betrifft die Festlegung der Erziehungsinhalte sowie der Ausbildungsziele und -mittel.

Planerhaltungsgrundsatz

Ergibt sich aus §§ 214, 215 BauGB und sorgt dafür, dass nicht jeder unwesentliche Verfahrens- oder Formverstoß zur Unwirksamkeit des betroffenen Bebauungsplans führt. Gemäß § 214 BauGB sind nur bestimmte Verstöße gegen formelle oder materielle bauplanungsrechtliche Vorschriften beachtlich. Beachtliche Verstöße gegen baurechtliche Vorschriften können gemäß § 215 BauGB präkludiert werden, wenn die betreffenden Mängel nicht rechtzeitig innerhalb bestimmter Fristen geltend gemacht werden.

Politische Verfolgung

⇨ Asylrecht

Polizeifestigkeit der Presse

Aus den Landespressegesetzen (z.B. § 1 II PresseG NRW) abgeleiteter Grundsatz, nachdem präventive Gefahrenabwehrmaßnahmen gegenüber Presseorganen, insbesondere Presse- und Druckerzeugnisse, grundsätzlich unzulässig ist. Nach der jeweiligen gesetzlichen Regelung unterliegt die Pressefreiheit nur den Beschränkungen, die das Grundgesetz unmittelbar oder in dessen Rahmen das Landespressegesetz zulässt.

Polizeifestigkeit von Versammlungen

Aus dem hohen Rang der Versammlungsfreiheit aus Art. 8 GG und des privilegierenden Charakters des VersG abgeleiteter Grundsatz, nachdem versammlungseinschränkende Maßnahmen zur Abwehr einer versammlungstypischen Gefahr grundsätzlich nicht auf Grundlage des allgemeinen Gefahrenabwehrrechts getroffen werden dürfen.

Postgeheimnis

Gewährleistet den Schutz aller der Deutschen Post AG sowie anderen privaten Postbeförderungsunternehmen übergebene Sendungen gegenüber allen Staatsgewalten. Der Schutz erstreckt sich sowohl auf den Inhalt der übermittelten Sendung als auch auf den Übermittlungsvorgang und schützt vor Offenbarung, wer mit wem durch die Post Briefe und Sendungen wechselt und an welchem

Ort, zu welcher Zeit und in welcher Art und Weise die Dienste der Post genutzt wurden, vgl. auch § 39 I PostG.

Postzustellungsurkunde (PZU)

Hat den Charakter einer öffentlichen Urkunde i.S.d. § 418 ZPO und beurkundet die Zustellung als solche, die Art und den Zeitpunkt der Zustellung. Kann z.B. als Zustellungsart gemäß § 3 I VwZG von Behörden verwendet werden; dann finden die für die PZU geltenden Vorschriften der §§ 177-182 ZPO entsprechende Anwendung, § 3 II 1 VwZG.

---

praktische Konkordanz

Im Rahmen der Grundrechtskollision erfüllt, wenn ein Ausgleich gefunden ist, bei dem beide Positionen im größtmöglichen Ausmaß zur Geltung kommen.

Presse

Der Begriff „Presse" i.S.v. Art. 5 I 2, 1. Fall GG ist weit auszulegen und umfasst die Erzeugnisse der Buchdruckerpresse, alle zur Verbreitung geeigneten und bestimmten Vervielfältigungen (z.B. Plakate) sowie alle Informationsträger, die nicht unter den Film- und Rundfunkbegriff fallen (z.B. Videobänder, CD); erfasst wird auch der Anzeigenteil einer Zeitung.

Privatschule	Bei Privatschulen i.S.v. Art. 7 IV, V GG sind Ersatz- und Ergänzungsschulen zu unterscheiden. Ersatzschulen sind solche, die als Ersatz für vorhandene o. vorgesehene staatliche Schulen dienen sollen und nach Genehmigung und Anerkennung (als Beliehene) Berechtigungen mit öffentlich-rechtlicher Wirkung erteilen können (z.B. Zeugnis, Versetzung, Hochschulreife). Für Ergänzungsschulen bestehen keine vergleichbaren öffentlichen Schulen und in ihnen kann der Schulpflicht nicht genügt werden. Art. 7 IV 1 GG gilt für Ersatz- und Ergänzungsschulen, Art. 7 IV 2 und Art. 7 V GG erfassen nur Ersatzschulen.
Prozessfähigkeit	Die Fähigkeit, Prozesshandlungen selbst oder durch selbstbestellte Vertreter wirksam vor- oder entgegennehmen zu können. Zulässigkeitsvoraussetzung einer verwaltungsgerichtlichen Klage, § 62 VwGO.
prozessuale Teilbarkeit des Verwaltungsaktes	Nach h.M. Voraussetzung für die isolierte Anfechtung einer Nebenbestimmung, die zu verneinen ist, wenn eine isolierte Aufhebung von vornherein und offensichtlich ausscheidet.
Prüfungskompetenz	⇨ inkongruente Prüfungskompetenz, ⇨ kongruente Prüfungskompetenz

Recht des Bundespräsidenten, zur Ausfertigung vorgelegte Gesetze zu überprüfen, das unstreitig die Prüfung der formellen Verfassungsmäßigkeit, nach h.M. zudem die Prüfung der materiellen Verfassungsmäßigkeit im Hinblick auf evidente Fehler umfasst.

Prüfungsrecht des Bundespräsidenten bei der Ausfertigung von Gesetzen, Art. 82 I GG

Liegt vor, wenn nur der handelnde Beamte von einer Gefahr oder Störung der öffentlichen Sicherheit oder Ordnung ausgeht, während ein objektiver Durchschnittsbeamter in dem jeweiligen Verhalten oder der jeweiligen Sachlage überhaupt keine Gefahr oder Störung annehmen würde. Die Putativ- oder Scheingefahr ist keine Gefahr i.S.d. Polizei- und Ordnungsrechtes, sodass Maßnahmen in diesen Fällen immer materiell rechtswidrig sind.

Putativgefahr / Scheingefahr

Bedeutet i.d.R. 2/3 der Stimmen in Bezug auf die jew. Gesamtzahl. Sie kann auf die abgegebenen Ja-Stimmen (z.B. Art. 42 I 2, 2. Halbs. GG) oder auf die Mitgliederzahl des Bundestages (z.B. Art. 61 I 3 GG) bezogen sein.

qualifizierte Mehrheit

Unterfall des allgemeinen Persönlichkeitsrechts aus Art. 2 I, 1 I GG. nach dem jeder Einzelne befugt ist, grds. selbst zu entscheiden, wann und innerhalb welcher Grenzen persönliche Lebenssachver-

Recht auf informationelle Selbstbestimmung

halte (personenbezogene Daten) offenbart und von öffentlichen Stellen verwendet werden; vgl. auch §§ 1, 3 BDSG.

Rechtsbehelfsbelehrung

Belehrung des Bürgers über den möglichen Rechtsbehelf, § 58 VwGO. Ist die Rechtsbehelfsbelehrung unterblieben oder unrichtig erteilt, so ist die Einlegung des Rechtsbehelfs gemäß § 58 II VwGO innerhalb eines Jahres zulässig.

Rechtsnachfolge in die Ordnungspflicht

Übergang einer durch Verwaltungsakt konkretisierten Pflicht zur Gefahrbeseitigung, die möglich ist, wenn eine wirksame Rechtsnachfolge nach zivilrechtlichen Regeln stattgefunden hat, ein Übergangs- und Nachfolgetatbestand auch bezüglich der Pflichtenstellung besteht und die festgesetzte Verantwortlichkeit selbst übergangsfähig ist.

Rechtssatzverfassungsbeschwerde

Art der ⇨ Verfassungsbeschwerde nach Art. 93 I Nr. 4 a GG, mit der der Beschwerdeführer überprüfen lassen kann, ob er durch ein Gesetz (Parlamentsgesetz, Rechtsverordnung, Satzung) in seinen Grundrechten oder grundrechtsgleichen Rechten verletzt worden ist.

Rechtsschutzgarantie

Gewährleistet als sog. Justizgrundrecht aus Art. 19 IV GG einen möglichst lückenlosen und effektiven gerichtlichen Schutz gegen Verletzungen der Rechtssphäre des Einzelnen durch Eingriffe der öffentlichen Gewalt und damit nicht nur das Vorhandensein von Rechtsschutzmöglichkeiten gegen Akte öffentlicher Gewalt, sondern auch einen möglichst effektiven Rechtsschutz. Ein Eingriff in dieses GR aus Art. 19 IV 1 GG liegt vor, wenn der Bürger wegen Maßnahmen der Exekutive keinen oder keinen effektiven Rechtsschutz hat.

Rechtsstaat

Ein Staat, dessen Ziel die Gewährleistung von Freiheit und Gerechtigkeit im staatlichen und staatlich beeinflussbaren Bereich ist und dessen Machtausübung durch Recht und Gesetz geregelt und begrenzt wird; vgl. insbes. Art. 20 III GG.

Rechtsverordnung

Gesetz im materiellen Sinne, das nicht von der Legislative, sondern von bestimmten Organen der Exekutive erlassen wird. Zum Erlass können die Bundesregierung als Kollegialorgan, ein einzelner Bundesminister oder die Landesregierung als Kollegialorgan durch gesetzliche Ermächtigungsgrundlage, die Inhalt, Zweck und Ausmaß der Ermächtigung regelt, ermächtigt werden, Art. 80 GG.

---

reformatio in peius (Verböserung)	Abänderung der Ausgangsentscheidung zulasten des Widerspruchsführers in einem Widerspruchsverfahren, dessen Zulässigkeit von der h.M. mit Verweis auf die Kontrollfunktion des Widerspruchsverfahrens bejaht wird.
Regelung im Rahmen eines Verwaltungsakts	Ist gegeben, wenn eine hoheitliche Maßnahme ihrem Ausspruch nach unmittelbar auf die Herbeiführung einer Rechtsfolge gerichtet ist. Dies ist der Fall, wenn durch die Maßnahme Rechte begründet, geändert, aufgehoben oder verbindlich festgestellt werden.
Regelungsanordnung	Art der ⇨ einstweiligen Anordnung nach § 123 I 2 VwGO, die auf die vorläufige Regelung eines streitigen Rechtsverhältnisses und damit auf die Erweiterung des Rechtskreises des Antragstellers gerichtet ist.
Reisegewerbe	Genehmigungspflichtige gewerbliche Betätigung außerhalb einer gewerblichen Niederlassung und ohne vorherige Bestellung, § 55 I GewerbeO. Für ein solches Reisegewerbe bedarf es grds. einer Genehmigung, der sog. Reisegewerbekarte, § 55 II GewerbeO.
Religionsgemeinschaft / Religionsgesellschaft	Alle auf der Gemeinsamkeit des religiösen Bekenntnisses beruhenden Personengemeinschaften, die nicht Kirchen sind. Begriff

Religionsgemeinschaft ist nach h.M. deckungsgleich mit dem Begriff Religionsgesellschaft in Art. 140 GG i.V.m. Art. 137 WRV.

Republik

Bezieht sich als Staatsformmerkmal gemäß Art. 20 I GG auf die Person des Staatsoberhauptes, welches nur auf Zeit gewählt werden und nicht aufgrund familien- oder erbrechtlicher Umstände in das Amt gelangen darf; vgl. auch Art. 54 GG.

Ressortprinzip

Grundsatz aus Art. 65 S. 2 GG i.V.m. §§ 1 I 2 und 9 GO BReg, nach dem jeder Bundesminister seinen Geschäftsbereich selbstständig und in eigener Verantwortung leitet, soweit keine Richtlinien des Bundeskanzlers bestehen oder vorhandene zu konkretisieren sind.

Restitution

Wiederherstellung des früheren Zustands insbesondere als Inhalt bzw. Rechtsfolge des Folgenbeseitigungsanspruchs, der deshalb auch als Restitutionsanspruch bezeichnet wird.

Richtlinienkompetenz des Bundeskanzlers

Aus Art. 65 S. 1 GG folgendes Recht des Bundeskanzlers, die Richtlinien der Politik zu bestimmen, für die er sodann auch die Verantwortung trägt. Richtlinien der Politik sind alle grundlegenden und richtungsbestimmenden politischen Entscheidungen im Bereich der Regierung aber auch bedeutsame Einzelfragen; vgl. auch §§ 1 und 2 Geschäftsordnung der Bundesregierung.

Rückbewirkung von Rechtsfolgen

Unzulässige Rückwirkung eines Gesetzes, bei der die Rechtsfolgen einer Norm bereits für einen vor ihrer Verkündung liegenden Zeitraum gelten. Abweichende Bezeichnung für die ⇨ echte Rückwirkung.

Rücknahme eines Verwaltungsaktes

Bezeichnung für die Aufhebung eines rechtswidrigen Verwaltungsaktes gemäß § 48 I 1 VwVfG.

Rücksichtnahmegebot

Soll gewährleisten, dass Nutzungen, die geeignet sind, Spannungen und Störungen hervorzurufen, einander so zugeordnet werden, dass Konflikte möglichst vermieden werden. Die daraus folgenden Anforderungen hängen von den Umständen des Einzelfalls ab: Je empfindlicher und schützwürdiger die Stellung dessen ist, auf den Rücksicht zu nehmen ist, umso mehr kann Rücksichtnahme verlangt werden.

Rückwirkungsverbot

Bezeichnet das grundsätzlich anerkannte Verbot, dass durch Gesetze mit Wirkung für die Vergangenheit belastende Folgen geregelt werden, was sich für Strafgesetze aus der besonderen Regelung des Art. 103 II GG ergibt und im Übrigen allgemein anerkannt ist. Zulässig ist die Rückwirkung bei begünstigenden Gesetzen, da insoweit kein schutzwürdiges Vertrauen verletzt werden kann.

Rundfunk

Rundfunk i.S.d. Art. 5 I 2, 2. Fall GG ist jede Übermittlung von Gedankeninhalten an die Öffentlichkeit in Form von elektromagnetischen Wellen. Dazu gehören Hörfunk und Fernsehen; Internetdienste nur dann, wenn auch eine redaktionelle Tätigkeit vorliegt.

Salvatorische Entschädigungsklausel

Gesetzliche Entschädigungsregelung besonders im Denkmal-, Natur- und Landschaftsschutzrecht für Eingriffe in das Eigentumsrecht, wenn die Maßnahme einer Enteignung gleichkommt, die nach h.M. zu unbestimmt und deshalb nicht geeignet ist, eine unverhältnismäßige Eigentumsbeschränkung auszugleichen.

Satzung

Rechtsnormen, die von Selbstverwaltungskörperschaften aufgrund einer gesetzlichen Ermächtigungsgrundlage zur Regelung ihrer eigenen Angelegenheiten erlassen werden. Der wichtigste Anwendungsbereich dieser Art ist das Selbstverwaltungsrecht der kommunalen Gebietskörperschaften (Satzungsautonomie der Gemeinde).

Scheingefahr	⇨ Putativgefahr
schlichtes Verwaltungshandeln	Handlung der Verwaltung, die in Abgrenzung zum Verwaltungsakt keine unmittelbaren Rechtsfolgen herbeiführen soll (Realakte). Schlichtes Verwaltungshandeln liegt z.B. bei Warnungen, Hinweisen oder bei der Auszahlung von Geld vor. Realakte sind z.B. Geräusche oder Gerüche.
Schmähkritik	Liegt vor, wenn bei einer Äußerung nicht mehr die Auseinandersetzung in der Sache, sondern die Diffamierung einer Person im Vordergrund steht. Folge: Kein Schutz durch Art. 5 I 1, 1. Fall GG.
Schranken-Schranke	Bezeichnung für die Einschränkungen, denen der Gesetzgeber seinerseits bei der Einschränkung von Grundrechten unterliegt, z.B. Grundsatz der Verhältnismäßigkeit, Zitiergebot und Verbot des Einzelfallgesetzes.
Selbstbindung der Verwaltung	Bindung der Verwaltung durch vorangegangenes Verhalten oder durch Verwaltungsvorschriften, sodass ein sachlich nicht gerechtfertigtes Abweichen von dieser tatsächlichen Übung bzw. der Verwaltungsvorschrift zu einem Verstoß gegen den Gleichbehandlungsgrundsatz des Art. 3 I GG führt. Die Bindung kann durch

wiederholt gleiche Entscheidung in gleich gearteten Fällen, aber auch durch die ständige Anwendung von Verwaltungsvorschriften, eintreten.

Sicherungsanordnung

Art der ⇨ einstweiligen Anordnung, die der Sicherung eines Rechts des Antragstellers dient, mit der der Antragsteller also die Sicherung eines bestehenden Zustands verfolgt (status quo).

Sondernutzung

Erlaubnispflichtige Benutzung einer Straße über den Gemeingebrauch hinaus (vgl. § 8 I BundesfernstraßenG). Typischer Fall der Sondernutzung ist z.B. das Aufstellen von Verkaufsständen oder von Bauzäunen.

Sonderrechtstheorie

⇨ Subjektstheorie

Sonderrechtsverhältnis

Besonderes Näheverhältnis von Personen zur Hoheitsgewalt des Staates, das über die normale Bindung des Bürgers an den Staat hinausgeht. Früher als besonderes Gewaltverhältnis, heute als Sonderrechts- oder Sonderstatusverhältnis bezeichnet und u.a. für Richter, Soldaten, Beamte und Schüler bejaht. Verhältnis zwischen Bürger und Staat, aus dem sich besonders enge Rechte und Pflichten ergeben. Früher wurde dieses Verhältnis als besonderes Gewaltverhältnis bezeichnet. Sonderrechts- oder Sonderstatusverhältnisse bestehen z.B. zwischen dem Beamten und seinem Dienstherrn, zwischen dem Soldaten und der Bundeswehr oder zwischen einem Schüler und der Schule. In Sonderrechtsverhältnissen ist insbes. fraglich, ob eine Außenwirkung gegeben ist, sodass Maßnahmen zwischen den Beteiligten des Sonderrechtsverhältnisses Verwaltungsakte darstellen. Heute wird die Unterscheidung insbes. danach vorgenommen, ob der Betroffene nur und ausschließlich in seiner Stellung als Teil des Sonderrechtsverhältnisses betroffen ist (sog. Amtsstellung), oder ob der Betroffene zumindest auch in seiner persönlichen Rechtsstellung als Bürger angesprochen ist. Im letzten Fall entfaltet die Regelung Außenwirkung, sodass ein Verwaltungsakt gegeben ist.

Sozialstaat

Verpflichtet staatliche Organe zur Herstellung und Erhaltung sozialer Gerechtigkeit sowie zur Herstellung und Erhaltung sozialer Sicherheit und wird im Wesentlichen abgeleitet aus Art. 20 I GG („sozialer" Bundesstaat). Soziale Gerechtigkeit bedeutet zum einen Herstellung von tatsächlicher Chancengleichheit sowie Schutz der Schwachen gegen die Starken. Soziale Sicherheit bedeutet Schaffung und Erhaltung von Einrichtungen, die für den Fall des Fehlens eigener Daseinsreserven in Krisen die notwendige Daseinshilfe gewähren.

Sperrklausel

Bezeichnung für die Regelung in § 6 III 1, 1. Halbs. BWahlG, nach der grds. nur solche Parteien in den Deutschen Bundestag einziehen, die mindestens 5% der abgegebenen Zweitstimmen erhalten haben. Die Klausel soll den Einzug kleiner Splitterparteien in diesen verhindern und damit die Funktionsfähigkeit der parlamentarischen Arbeit als Ausprägung des Demokratieprinzips fördern.

---

spezifische Verfassungsverletzung

Sie liegt vor, wenn das Gericht nicht erkannt hat, dass es im Grundrechtsbereich agiert (Anwendungsdefizit), wenn Auslegung und Anwendung des Rechts durch das Gericht auf einer grds. falschen Anschauung von der Bedeutung eines Grundrechts insbes. vom Umfang seines Schutzbereichs beruhen (Anwendungsfehlgebrauch) oder wenn durch das Gericht Justizgrundrechte verletzt wurden. Prüfungsmaßstab des BVerfG bei Urteilsverfassungsbeschwerden, da es keine „Superrevisionsinstanz" ist und deshalb das Urteil nicht auf seine sachlichrechtliche Richtigkeit überprüft.

Staatsformmerkmale

Staatsorganisatorische, formelle Grundprinzipien der Verfassung, die den Aufbau des Staates und die Modalitäten der Staatsfähigkeit festlegen (auch: Staatsstrukturprinzipien). Merkmale: Republik (Art. 20 I GG), Demokratie (Art. 20 II GG), Bundesstaat (Art. 20 I GG) sowie die formellen Elemente des Rechtsstaatsprinzips aus Art. 20 III GG (insbes. Gewaltenteilungsgrundsatz).

Staatsgebiet

Ist die durch Grenzen gekennzeichnete Zusammenfassung von geografischen Räumen und einer gemeinsamen Rechtsordnung und beschreibt damit den Bereich, in dem ein Staat grds. ggü. allen Personen oder Sachen Zwangsgewalt ausüben und die hoheitliche Einwirkung eines anderen Staates abwehren darf (Gebietshoheit). Die Grenzen des Staatsgebiets bestimmen sich nach völkerrechtlichen Grundsätzen und Verträgen.

Staatsgewalt

Ist die originäre, effektive und selbstorganisationsfähige Herrschaftsmacht über das Staatsgebiet und das Staatsvolk. Die Staatsgewalt muss effektiv ausgeübt werden können, d.h., dass der Staat in der Lage sein muss, sowohl innerstaatlich sein Recht durchzusetzen als auch auf internationaler Ebene seinen völkerrechtlichen Verpflichtungen nachzukommen. Die Staatsgewalt muss originär, d.h. unabgeleitet von fremder Macht sein. In Art. 20 II GG ist geregelt, wer Träger der Staatsgewalt ist und wie sie ausgeübt wird.

Staatsrecht

Befasst sich mit den Rechtssätzen, die konstitutiv für die allgemeine staatliche Grundordnung sind: Aufbau und Organisation des Staates („Staatsorganisationsrecht"), grundlegende Bestimmungen über das Verhältnis des Bürgers zum Staat („Grundgesetz").

---

staatsrechtliche Mängelrüge

Beschluss der Bundesregierung, dass bei der Ausführung der Bundesgesetze in einem Land Mängel festgestellt worden sind und dass das Land verpflichtet ist, diese Mängel abzustellen, Art. 84 IV GG. Hilft das Land dem Mangel nicht ab, so beschließt der Bundesrat darüber, ob das Land das Recht verletzt hat. Gegen diesen Beschluss kann das BVerfG im sog. Bund-Länder-Streitverfahren gemäß Art. 84 IV 2 i.V.m. Art. 93 I Nr. 3 GG angerufen werden.

Staatsstrukturprinzipien

⇨ Staatsformmerkmale

Staatsvolk

Ist die Gesamtheit aller Staatsangehörigen bzw. der Personenkreis, der einer bestimmten Staatsgewalt auch außerhalb des Staatsgebietes auf Dauer rechtlich unterworfen ist (sog. Personalhoheit). Erwerb und Verlust der deutschen Staatsangehörigkeit sind im Wesentlichen im StAG geregelt.

Staatszielbestimmungen

Materielle Verfassungsprinzipien, die den Staat zur Verfolgung eines bestimmten, inhaltlich näher genannten Ziels verpflichten. Dazu gehören Präambel und Sozialstaatsprinzip (Art. 20 I GG) sowie die materiellen Elemente des Rechtsstaatsprinzips aus Art. 20 III GG (Rückwirkungsverbot, Verhältnismäßigkeitsgrundsatz) sowie Art. 1 I, 3 II 2, 20 a, 23 I, 87 e IV, 87 f I, 109 II GG.

Standardmaßnahmen

Gefahrenabwehrmaßnahmen, die in bestimmten Erscheinungsformen immer wiederkehren, die sich also typologisch (standardisiert) erfassen lassen. Diesbezügliche Ermächtigungsgrundlagen sind Standardermächtigungen (z.B. Sicherstellung oder Durchsuchung von Wohnungen aus präventiven Gründen).

---

stehendes Gewerbe

Gewerbliche Tätigkeiten, die von einer gewerblichen Niederlassung aus betrieben werden. Das stehende Gewerbe wird vor allem gegen das sog. Reisegewerbe und den Marktverkehr abgegrenzt.

Stiftung

Eine rechtlich verselbstständigte Vermögensmasse, die einen bestimmten Zweck fördern soll, die als juristische Person des öffentlichen Rechts anzusehen ist, wenn der Zweck in der Erfüllung einer öffentlichen Aufgabe besteht.

Störererforschungseingriff

Maßnahme der Polizei- oder Ordnungsbehörden, die dazu dient, den Verursacher einer objektiv feststehenden Gefahr oder Störung für die öffentliche Sicherheit oder Ordnung zu ermitteln; strenge Anforderungen an die Verhältnismäßigkeit.

Störung der öffentlichen Sicherheit oder Ordnung

Liegt vor, wenn die Minderung oder Beeinträchtigung der von der öffentlichen Sicherheit erfassten Schutzgüter oder die Verletzung der vom Begriff der öffentlichen Ordnung umfassten sozialen Norm eingetreten ist und wenn von der eingetretenen Sachlage eine in Zukunft wirkende Gefährdung ausgeht. Beispiele: Hausbesetzung als Dauerverstoß gegen § 123 StGB oder verkehrswidrig geparktes Fahrzeug als Dauerverstoß gegen §§ 12 und 41 StVO.

Straßenrecht

Öffentlich-rechtlicher Rechtsbereich, der sich mit der dinglichen Rechtslage an der Straße befasst (öffentliches Sachenrecht, Recht an der Straße). Maßgeblich geregelt ist das Straßenrecht im Bundesfernstraßengesetz sowie in den Landesstraßengesetzen.

Straßenverkehrsrecht

Öffentlich-rechtlicher Rechtsbereich, der die Art und Weise der Nutzung einer Straße regelt und Teil des Gefahrenabwehrrechts ist (Recht auf der Straße). Das Straßenverkehrsrecht ist insbes. im StVG, der StVO oder der Fahrerlaubnisverordnung (FEV) geregelt.

Subjektstheorie

Theorie zur Abgrenzung von öffentlichem Recht und Privatrecht, nach der eine Rechtsnorm dem öffentlichen Recht zuzuordnen ist, wenn aus ihr ein Träger hoheitlicher Gewalt gerade in dieser Eigenschaft einseitig berechtigt oder verpflichtet wird.

---

subordinations-rechtlicher öffentlich-rechtlicher Vertrag

Art des ⇨ öffentlich-rechtlichen Vertrages, die vorliegt, wenn die Behörde mit einem Bürger einen öffentlich-rechtlichen Vertrag schließt, an den sie sonst einen Verwaltungsakt richten würde.

Subordinationstheorie

Theorie zur Abgrenzung von öffentlichem Recht und Privatrecht, nach der eine Rechtsnorm dem öffentlichen Recht zuzuordnen ist, wenn sich aus ihr ein Über-/Unterordnungsverhältnis zwischen den Beteiligten ergibt. Sind die Beteiligten hingegen in der Norm gleichgeordnet, ist sie dem Privatrecht zuzurechnen.

Suspensiveffekt

Bezeichnet zum einen die nach h.M. aus § 80 I VwGO folgende Vollzugshemmung von Widerspruch und Anfechtungsklage, zum anderen die den Eintritt der Rechtskraft hemmende Wirkung von Rechtsmitteln wie Berufung und Revision.

---

tatbestandliche Rückanknüpfung

Betrifft nicht den zeitlichen, sondern den sachlichen Anwendungsbereich der Norm und liegt vor, wenn die Rechtsfolgen eines Gesetzes erst nach Verkündung der Norm eintreten, deren Tatbestand aber Sachverhalte erfasst, die bereits vor Verkündung ‚ins Werk' gesetzt worden sind.

Transformationskompetenz

Ist immer deckungsgleich mit der Gesetzgebungskompetenz und bedeutet die Zuständigkeit des Bundes oder der Länder, einen völkerrechtlichen Vertrag innerstaatlich verbindlich zu machen.

Überhangmandat

Entsteht, wenn eine Partei in einem Bundesland über Direktmandate mehr Sitze im Bundestag errungen hat, als ihr nach dem Landesproporz zustehen. Sie bleiben der Partei zwar erhalten (§ 6 IV 2 BWahlG), ziehen aber einen Ausgleich für die anderen Parteien nach sich, die keine Überhangmandate erringen (⇨ Ausgleichsmandat).

Übermaßverbot

⇨ Verhältnismäßigkeit

---

unbestimmter Rechtsbegriff

Gesetzlich verwendeter Begriff, dessen genauer Inhalt und dessen genaue Definition nicht feststehen, sondern der verschiedenen Auslegungen zugänglich ist. Der Gesetzgeber verwendet diese Begriffe (z.B. Unzuverlässigkeit) auf der Tatbestandsseite einer Rechtsnorm. Unbestimmte Rechtsbegriffe müssen von den

Behörden und den Gerichten ausgelegt und auf den jeweiligen Einzelfall angewendet werden. Während auch unbestimmte Rechtsbegriffe durch die Verwaltungsgerichte wegen der Rechtsschutzgarantie des Art. 19 IV GG grds. voll nachprüfbar sind, verbleibt der Behörde in eng begrenzten Fallgruppen ein eigenständiger, nicht voll überprüfbarer Beurteilungsspielraum. Zum Beurteilungsspielraum vgl. dort.

---

unechte Rückwirkung

Liegt vor bei einem Lebenssachverhalt, der bei Verkündung des Gesetzes noch nicht abgeschlossen ist und der durch dieses Gesetz nachträglich belastend geregelt wird und dadurch das Vertrauen auf den Fortbestand der alten Rechtslage enttäuscht. Die unechte Rückwirkung ist grds. zulässig, sofern nicht im seltenen Einzelfall das schutzwürdige Vertrauen des Normadressaten in den Bestand der alten Rechtslage eindeutig überwiegt. Wird auch als tatbestandliche Rückanknüpfung bezeichnet.

---

unmittelbare Bundesverwaltung

Tätigkeit von Bundesbehörden, deren Handlungen unmittelbar dem Bund als Körperschaft zugerechnet werden. Grundsätzlich ist nur die Tätigkeit einer obersten Bundesbehörde, in der Regel ein Bundesministerium, zulässig; nachgeordnete Behörden unterliegen stets einer Fach- und Dienstaufsicht des jeweils zuständigen Bundesministeriums.

Unmittelbarkeit der Wahl

Wahlrechtsgrundsatz gemäß Art. 38 I 1 GG und besonderes Freiheitsrecht, das garantiert, dass zwischen Stimmabgabe des Wählers und Ermittlung der gewählten Abgeordneten keine weitere Instanz mit Entscheidungsbefugnissen eingeschaltet werden darf.

Untätigkeitsklage

Anfechtungs- oder Verpflichtungsklage, die ausnahmsweise ohne Durchführung eines an sich erforderlichen Widerspruchsverfahrens nach § 68 VwGO zulässig ist, wenn über den Widerspruch oder den Antrag auf Vornahme eines Verwaltungsakts ohne zureichenden Grund in angemessener Frist (i.d.R. 3 Monate) sachlich nicht entschieden worden ist, § 75 VwGO.

Untere Landesbehörde

Den Landesmittelbehörden unmittelbar nachgeordnete Behörde der unmittelbaren Landesverwaltung (z.B. das Finanzamt).

Unterlassungsanspruch, öffentlich-rechtlicher

⇨ öffentlich-rechtlicher Unterlassungsanspruch

Untersuchungsausschuss

Ausschuss des Parlaments zur Umsetzung des Rechts, sich die für seine Entscheidungen für erforderlich gehaltenen Informationen zu beschaffen und Missstände zu untersuchen. Auf Bundesebene hat der Bundestag nach Art. 44 I GG das Recht und auf Antrag eines Viertels seiner Mitglieder die Pflicht, einen Untersuchungsausschuss einzusetzen. Einzelheiten regelt auf Bundesebene das Gesetz zur Regelung des Rechts der Untersuchungsausschüsse des Deutschen Bundestages (UntersuchungsausschussG, PUAG). Auf Landesebene bestehen entsprechende Landesgesetze.

Untersuchungsgrundsatz

Verpflichtet die zuständige Behörde bzw. das Gericht zur umfassenden Sachverhaltsaufklärung von Amts wegen und unabhängig vom Vorbringen der Beteiligten, § 24 VwVfG, § 86 VwGO.

Urteilsverfassungsbeschwerde

Art der ⇨ Verfassungsbeschwerde, mit der der Beschwerdeführer überprüfen lassen kann, ob er durch eine gerichtliche Entscheidung in einem seiner Grundrechte oder grundrechtsgleichen Rechte verletzt worden ist.

VA-Befugnis

Befugnis der Behörde, durch die Handlungsform des Verwaltungsaktes tätig zu werden, die teilweise speziellgesetzlich geregelt ist (z.B. § 49 a I 2 VwVfG), sich mit der Kehrseitentheorie (⇨ actus contrarius) begründen lässt, aus einer Auslegung der zu der Maßnahme ermächtigenden gesetzlichen Grundlage folgt oder für Sonderrechtsverhältnisse und eindeutige Über-/Unterordnungsverhältnisse gewohnheitsrechtlich anerkannt ist.

Verböserung

⇨ reformatio in peius

Vereinigung

Vereinigung bzw. Verein i.S.v. Art. 9 I, II GG ist wie bei § 2 I VereinsG jede Mehrheit von natürlichen oder juristischen Personen, die sich für längere Zeit zu irgendeinem gemeinsamen Zweck freiwillig zusammengeschlossen und einer organisierten Willensbildung unterworfen haben. Nicht erfasst werden Parteien und Fraktionen (wegen § 2 II VereinsG bzw. wegen Art. 21 bzw. 38 I 2 GG) sowie Religionsgesellschaften (wegen Art. 140 GG i.V.m. Art. 137 WRV).

Verfassungsbeschwerde

Verfassungsprozessualer Rechtsbehelf, mit dem auf Bundesebene einerseits durch eine Stadt oder Gemeinde die Verletzung ihres Rechts auf kommunale Selbstverwaltung durch Bundesrecht (sog. ⇨ Kommunalverfassungsbeschwerde, Art. 93 I Nr. 4 GG) und andererseits durch jedermann eine Verletzung von Grundrechten oder grundrechtsgleichen Rechten durch einen Akt öffentlicher Gewalt geltend gemacht werden kann (sog. Individualverfassungsbeschwerde, Art. 93 I Nr. 4 a GG). Im Rahmen der Individualverfassungsbeschwerde sind weiter die ⇨ Urteilsverfassungsbeschwerde und die ⇨ Rechtssatzverfassungsbeschwerde zu unterscheiden.

---

verfassungsimmanente Schranke

Einschränkung eines (auch vorbehaltlos gewährten) Grundrechts zum Schutze wichtiger Verfassungsgüter und Grundrechte Dritter. So darf z.B. die Ausübung der Kunstfreiheit (Art. 5 III GG) nicht das Leben Dritter gefährden.

---

verfassungsmäßige Ordnung

Hat im GG verschiedene Bedeutungen: Art. 2 I GG: Alle materiellen Gesetze, die im Übrigen formell und materiell verfassungsmäßig sind. Art. 9 II GG: Gleichbedeutend mit freiheitlich demokratischer Grundordnung i.S.v. Art. 18, 21 II GG; erfasst im Wesentlichen die Inhalte der Menschenrechte sowie die Gewährleistungen des Demokratie- und Rechtsstaatsprinzips (vgl. auch § 92 II StGB). Art. 20 III GG: Alle Normen des Grundgesetzes in dem durch das Bundesverfassungsgericht ausgelegten und ggf. für verbindlich (§ 31 BVerfGG) erklärten Verständnis.

---

verfassungsrechtliche Streitigkeit

Liegt vor, wenn am Verfassungsleben beteiligte Organe um materielles Verfassungsrecht streiten (sog. doppelte Verfassungsunmittelbarkeit). Ausnahmsweise ist eine Streitigkeit jedoch auch dann verfassungsrechtlicher Natur, wenn der Kern des Rechtsstreits in der Auslegung und Anwendung von Verfassungsrecht besteht (z.B. bei der Individualverfassungsbeschwerde).

---

verfassungsunmittelbare Schranke

In einem Grundrecht enthaltene Einschränkungsmöglichkeit, die unmittelbar als Eingriffsgrundlage herangezogen werden kann, ohne dass es einer einfachrechtlichen Ermächtigungsgrundlage bedarf. Die zuständige Behörde kann, unmittelbar gestützt auf das Grundgesetz (formelles Gesetz!), Grundrechtseingriffe vornehmen. (Streitige) Beispiele sind Art. 9 II und 13 VII, 1. Halbs. GG.

Vergleichsvertrag

Art des subordinationsrechtlichen ⇨ öffentlich-rechtlichen Vertrages, durch den eine bei verständiger Würdigung des Sachverhalts oder der Rechtslage bestehende Ungewissheit durch gegenseitiges Nachgeben beseitigt wird, § 55 VwVfG.

Verhaltensstörer

Personen, die selbst durch ihr Verhalten die Gefährdung oder Störung der öffentlichen Sicherheit oder Ordnung verursachen.

Verhältnismäßigkeit

Aus dem Rechtsstaatsprinzip und den jeweils betroffenen Grundrechten (Art. 20 III GG) hergeleiteter Grundsatz, wonach jegliches staatliches Handeln zur Verfolgung eines legitimen Zwecks geeignet und erforderlich sein und die Belastung des Adressaten in einem angemessenen Verhältnis zu den mit der Maßnahme verfolgten Interessen stehen muss.

Verhältniswahl Wahlsystem, bei dem jede Partei so viele Sitze im Parlament erhält, wie es dem Verhältnis der auf sie abgegebenen Stimmen entspricht. Die Verhältniswahl erlangt z.B. Bedeutung auf Bundesebene für die Verteilung der Zweitstimme, die für die Landesliste einer bestimmten Partei abgegeben wird; § 4 BundeswahlG.

verlorener Zuschuss Zuschuss (bzw. Subvention), der nicht an den Staat zurückgezahlt oder zurückgeführt werden muss. Die Besonderheit des verlorenen Zuschusses besteht darin, dass die Subvention einstufig und insgesamt öffentlich-rechtlich gewährt wird.

Verpflichtungsklage Verwaltungsprozessuale Klageart, durch die der Kläger den Erlass eines abgelehnten oder unterlassenen Verwaltungsaktes begehrt, § 42 I, 2. Fall VwGO.

Versammlung Zusammenkünfte von mindestens zwei Personen zwecks gemeinschaftlicher Erörterung und Kundgebung mit dem Ziel der

Teilhabe an der öffentlichen Meinungsbildung (sog. enger Versammlungsbegriff).

---

vertikale Gewaltenteilung

Folgt aus dem Bundesstaatsprinzip und bezeichnet die Aufteilung der Staatsgewalt auf den Bund und die 16 Bundesländer mit dem Ziel einer Kontrolle bzw. Hemmung der Ausübung der Staatsgewalt.

Vertrag, öffentlich-rechtlicher

⇨ öffentlich-rechtlicher Vertrag

Vertragsgesetz

Billigung eines völkerrechtlichen Vertrages, der die politischen Beziehungen des Bundes regelt oder sich auf Gegenstände der Bundesgesetzgebung bezieht, durch die Gesetzgebungsorgane in Form eines Bundesgesetzes, durch das der Bundespräsident zur Ratifizierung des völkerrechtlichen Vertrages ermächtigt wird, Art. 59 II 1 GG.

Vertrauensfrage

Antrag des Bundeskanzlers gemäß Art. 68 GG im Bundestag, ihm bei Regierungskrisen ohne Kanzlerneuwahl gemäß Art. 67 GG das Vertrauen auszusprechen. Sofern dieser Antrag nicht die Zustimmung der Mehrheit der Mitglieder des Bundestages findet, kann der Bundespräsident auf Vorschlag des Bundeskanzlers binnen 21 Tagen den Bundestag auflösen; vgl. Art. 68 GG.

Verursachungsverdacht Liegt vor, wenn Gewissheit über das Vorliegen einer objektiven Gefahr oder Störung für Schutzgüter der öffentlichen Sicherheit oder Ordnung besteht, aber Unklarheit über deren Verursacher.

Verwaltungsakt Jede Maßnahme einer Behörde auf dem Gebiet des öffentlichen Rechts zur Regelung eines Einzelfalls mit Außenwirkung, § 35 VwVfG. Zu den Definitionen der einzelnen Merkmale vgl. dort.

Verwaltungshelfer Eine Privatperson, die für die Behörde Hilfstätigkeiten im Auftrag und nach Weisung wahrnimmt. Das Verhalten des Verwaltungshelfers wird der Behörde als eigenes Verhalten zugerechnet. Beispiele für den Verwaltungshelfer sind der Schülerlotse oder der Abschleppunternehmer. Gegenbegriff: Beliehener

Verwaltungskompetenz Zuständigkeit, hoheitlich oder zumindest öffentlich-rechtlich nach außen, insbes. gegenüber dem Bürger tätig werden zu können. Bei den sog. gesetzesakzessorischen Verwaltungskompetenzen geht es darum festzulegen, welche Bundes- oder Landesbehörde bereits erlassene Gesetze gegenüber dem Bürger anwendet und durchsetzt. Für Landesgesetze ergibt sich die Verwaltungskompetenz ausschließlich aus Art. 30 GG, während bei Bundesgesetzen gemäß Art. 83–86 GG unterschiedliche Möglichkeiten bestehen. Nicht gesetzesakzessorische Verwaltungskompetenzen sind insbes. geregelt in Art. 87 f. GG, z.B. in Art. 87 a (Einsatz der Streitkräfte).

Verwaltungsprivatrecht

Überlagerung privatrechtlicher durch öffentlich-rechtliche Vorschriften, wenn ein Träger öffentlicher Verwaltung in privatrechtlichen Formen tätig wird und dabei unmittelbar eine öffentliche Aufgabe erfüllt. Merksatz: Keine Flucht ins Privatrecht!

Verwaltungsrechtliches Schuldverhältnis

Vertragsähnliche Sonderbeziehung zwischen dem Staat und dem Bürger, die vorliegt, wenn zwischen Staat und Bürger ein enges Rechtsverhältnis besteht, welches besondere Rechte und Pflichten begründet. Anerkannt ist das verwaltungsrechtliche Sonderverhältnis für öffentlich-rechtliche Verwahrungsverhältnisse, öffentlich-rechtliche Benutzungs- und Leistungsverhältnisse, soweit der Bürger eine Gegenleistung zu erbringen hat sowie für das Beamtenverhältnis. In verwaltungsrechtlichen Schuldverhältnissen bestehen neben den deliktischen Amtshaftungsansprüchen auch Schadensersatzansprüche aus § 280 BGB analog.

Verwaltungsträger Körperschaften des öffentlichen Rechts, deren Organe Verwaltungsaufgaben wahrnehmen. Insbesondere Bund, Länder, Landkreise, Städte und Gemeinden als Gebietskörperschaften.

Verwaltungsverfahren Nach der Legaldefinition des § 9 VwVfG die nach außen wirkende Tätigkeit der Behörden, die auf die Prüfung der Voraussetzung, die Vorbereitung und den Erlass eines Verwaltungsakts oder auf den Abschluss eines öffentlich-rechtlichen Vertrags gerichtet ist.

Verwaltungsvorschrift Allgemeine Regelung, die von einer übergeordneten staatlichen Stelle an nachgeordnete Behörden oder nachgeordnete Amtswalter gerichtet wird. Verwaltungsvorschriften entfalten grds. keine unmittelbare Außenwirkung ggü. dem Bürger, sondern stellen lediglich ein Innenrecht zwischen den Verwaltungsträgern dar. Es sind 3 Arten von Verwaltungsvorschriften zu unterscheiden: 1. Auslegungsrichtlinien bzw. norminterpretierende Verwaltungsvorschriften sollen sicherstellen, dass eine Rechtsnorm von allen nachgeordneten Behörden einheitlich ausgelegt wird. Sie entfalten keine unmittelbare Außenwirkung für den Bürger. 2. Normkonkretisierende Verwaltungsvorschriften stellen verbindlich klar, wie ein unbestimmter Rechtsbegriff auszulegen ist. Sie entfalten nach h.M. zumindest insoweit Außenwirkung, als durch die Verwaltungsvorschrift verbindlich festgelegt wird, was der Bürger zu dulden hat. So konkretisiert z.B. die TA-Luft den Begriff der schädlichen Umwelteinwirkungen gemäß § 3 I BImSchG und legt fest, inwieweit Gerüche hinzunehmen sind. 3. Durch Ermessensrichtlinien werden die Ermessensentscheidungen der nachgeordneten Behörden vereinheitlicht. Ermessensrichtlinien führen damit zur sog. Selbstbindung der Verwaltung, sodass ein sachlich nicht gerechtfertigtes Abweichen von der Ermessensrichtlinie zu einer Verletzung des Gleichheitsgrundrechts aus Art. 3 I GG führt. Insofern entfalten Ermessensrichtlinien mittelbar eine Außenwirkung für den Bürger.

Verwaltungszwang

Vollstreckung eines Verwaltungsaktes, der nicht auf Geldleistung, sondern auf ein sonstiges Handeln, Dulden oder Unterlassen gerichtet ist.

Verweisungsprivileg

Subsidiaritätsklausel in § 839 I 2 BGB, nach der der Staat bei fahrlässigen Amtspflichtverletzungen grds. nicht haftet, wenn der Geschädigte anderweitige Ansprüche gegen Dritte hat, deren Realisierung möglich und zumutbar ist und es Sinn und Zweck der anderweitigen Ersatzmöglichkeit ist, auch den Staat von der Haftung freizustellen. Wird auch als Verweisungsprivileg des Staates bezeichnet. Greift deshalb nicht, wenn sich der anderweitige Ersatzanspruch gegen einen anderen Verwaltungsträger richtet oder wenn es um Versicherungsleistungen des Geschädigten geht, die auf eigenständigen Aufwendungen beruhen (z.B. Ansprüche aus Unfallversicherungen).

Visum Ausländerrechtlicher Aufenthaltstitel für die Bundesrepublik Deutschland, der vor der Einreise im Pass in Form eines Sichtvermerks eingeholt wird. Dabei werden das sog. Schengen-Visum (Transitvisum für die Durchreise oder aber Touristenvisum für kurzfristige Aufenthalte) und das nationale Visum für längerfristige Aufenthalte gemäß § 6 AufenthG unterschieden.

Volksbefragung Befragung des Volkes über Erlass, Änderung oder Aufhebung eines Gesetzes ohne rechtliche Bindungswirkung für das Parlament.

Volksbegehren Initiative des Volkes zwecks Erlass, Änderung oder Aufhebung eines Gesetzes.

Volksentscheid Abschließende verbindliche Entscheidung des Volkes über ein Gesetz. Der Gesetzesbeschluss des Parlaments (Bundestag oder Landtag), der i.d.R. vorher ergeht, ist nur deklaratorisch.

Vollzugsfolgenbeseitigungsanspruch

⇨ Folgenbeseitigungsanspruch, der die Folgen des Vollzuges eines rechtswidrigen Verwaltungsaktes rückgängig macht.

Vorbehalt des Gesetzes

Die Gesetzmäßigkeit der Verwaltung (Art. 20 III GG) konkretisierender Grundsatz, nach dem eine Maßnahme der Verwaltung nur rechtmäßig ist, wenn das Handeln in einer Rechtsnorm gestattet ist. Kurzformel: Kein Handeln ohne Gesetz.

Vorbehalt des Straßenrechts

Grundsatz, nach dem die Art der Nutzung ausschließlich vom Straßenrecht und nicht vom Straßenverkehrsrecht festgelegt wird, sodass das Straßenverkehrsrecht nicht zu Maßnahmen berechtigt, die über den Umfang der straßenrechtlichen Widmung hinaus andere Benutzungsarten zulassen oder auf Dauer ausschließen. So dürfte z.B. kein Durchfahrt-Verboten-Schild von der Straßenverkehrsbehörde aufgestellt werden, wenn die Straßenbehörde die Straße für den allgemeinen Kraftfahrzeugverkehr gewidmet hat.

Vorbescheid

Verwaltungsakt, mit dem eine verbindliche Teilregelung in Bezug auf eine Maßnahme getroffen wird. Findet insbesondere im Baurecht Verwendung und dient dort dazu, über Teile der Baugenehmigung vorab verbindlich zu entscheiden. Bezieht sich der Vorbescheid auf die planungsrechtliche Zulässigkeit des Vorhabens, spricht man von einer Bebauungsgenehmigung.

---

vorbeugende Unterlassungsklage

Unterfall der allgemeinen Leistungsklage, mit der sich der Kläger gegen zukünftig drohende Realakte/Verwaltungsakte zur Wehr setzt. Die Zulässigkeit setzt ein qualifiziertes Rechtsschutzbedürfnis voraus (Erstbegehungsgefahr/Abwarten unzumutbar, z.B. bei irreparablen Schäden).

Vornahmeurteil

Urteil des Verwaltungsgerichts auf eine Verpflichtungsklage, das die Behörde verpflichtet, einen konkreten Verwaltungsakt zu erlassen, § 113 V 1 VwGO.

Vorrang des Gesetzes

Konkretisierung der Gesetzmäßigkeit der Verwaltung, nach der keine Tätigkeit der Verwaltung gegen Rechtsnormen verstoßen darf. Kurzformel: Kein Handeln gegen Gesetz.

Vorrang des Straßenverkehrsrechts

Grundsatz, nach dem jede nach der StVO erlaubte Nutzung einer Straße zum ruhenden oder fließenden Verkehr bundeseinheitlich Gemeingebrauch und nicht Sondernutzung der Straße ist. So stellt z.B. das Dauerparken keine erlaubnispflichtige Sondernutzung dar, da es gemäß § 12 StVO erlaubt ist.

Vorverfahren

⇨ Widerspruchsverfahren

Wahlprüfung

Erfolgt gemäß Art. 41 GG i.V.m. dem Wahlprüfungsgesetz zunächst durch den Bundestag. Gegen dessen Entscheidung kann unter bestimmten Voraussetzungen Beschwerde beim Bundesverfassungsgericht erhoben werden (sog. Wahlprüfungsbeschwerde).

Wahlrechtsgrundsätze

Die grundlegenden Prinzipien für die Wahl von Parlamentsabgeordneten oder Vertretern in sonstigen Vertretungskörperschaften. Art. 38 I 1 GG normiert die fünf grundlegenden Wahlrechtsgrundsätze: Die Abgeordneten des Deutschen Bundestages werden in allgemeiner, unmittelbarer, freier, gleicher und geheimer Wahl gewählt (⇨ im Einzelnen dort).

Weltanschauungsgemeinschaft

Vereinigungen, die durch ihre Lehren eine wertende Stellungnahme zum Ganzen der Welt bieten und damit eine Antwort auf Fragen nach Ursprung, Sinn und Ziel der Welt und des Lebens des Menschens geben wollen.

Wesensgehaltsgarantie

Schützt den Wesensgehalt der Grundrechte nach Art. 19 II GG vor dem Zugriff und ist nach h.M. verletzt, wenn im Einzelfall ein Grundrecht aus unzureichendem Anlass begrenzt wird bzw. das solchermaßen begrenzte Grundrecht im Leben des Gemeinwesens keine Wirksamkeit mehr entfalten kann.

Widerruf eines Verwaltungsaktes

Aufhebung eines rechtmäßigen Verwaltungsakts gemäß § 49 VwVfG. Rechtmäßige belastende Verwaltungsakte können gemäß § 49 I VwVfG, rechtmäßige begünstigende Verwaltungsakte jedoch nur unter den engen Voraussetzungen des § 49 II VwVfG widerrufen werden. Ein rechtmäßiger Geldleistungsverwaltungsakt darf lediglich unter den engen Voraussetzungen des § 49 III VwVfG widerrufen werden.

Widerspruchsverfahren

Behördliches Verfahren nach § 68 I, II VwGO, das vorbehaltlich der Ausnahmen in § 68 I 2 VwGO vor Erhebung der Anfechtungs- oder Verpflichtungsklage durchzuführen ist und in dem die Rechtmäßigkeit und die Zweckmäßigkeit des Verwaltungsakts überprüft werden. Ist zweistufig aufgebaut: Zunächst erfolgt die Prüfung durch die Ausgangsbehörde im sog. Abhilfeverfahren, die bei Zulässigkeit und Begründetheit mit einem Abhilfebescheid nach § 72 VwGO endet. Andernfalls erlässt die Widerspruchsbehörde nach eigener Prüfung gemäß § 73 VwGO einen Widerspruchsbescheid.

Widmung

Erklärung durch Satzung oder Allgemeinverfügung, wonach eine bestimmte Sache einem bestimmten öffentlichen Zweck dienen soll.

Wiederaufgreifen des Verwaltungsverfahrens

Möglichkeit, in einem Verwaltungsverfahren die Bestandskraft eines Verwaltungsakts zu überwinden, die zur Folge hat, dass das Verfahren in den Zustand vor Erlass des Erstbescheides zurückversetzt wird und die Behörde eine neue Sachentscheidung trifft, § 51 VwVfG.

Wiedereinsetzung in den vorigen Stand

Gerichtliche Entscheidung, durch die für eine versäumte Prozesshandlung die Zulässigkeit wiederhergestellt wird mit der Folge, dass auch die bereits eingetretene Bestandskraft eines Verwaltungsakts bzw. die formelle oder auch materielle Rechtskraft gerichtlicher Entscheidungen nachträglich wieder entfallen und der Weg zu einer Sachentscheidung wieder so eröffnet wird, wie er vorher gegeben war. Beispiel: Schuldlose Versäumung einer gesetzlichen Frist, § 60 I VwGO.

Willkürformel

Formel zur Feststellung der Verfassungswidrigkeit von Ungleichbehandlungen, die bei Ungleichbehandlungen geringer Intensität (insbesondere bei sachbezogener Ungleichbehandlung) herangezogen wird und nach der die Verfassungswidrigkeit zu bejahen ist, wenn sich kein sachlicher Grund für die Ungleichbehandlung anführen lässt. Nach dieser Formel liegt deshalb ein Verstoß gegen Art. 3 I GG vor, wenn ein Differenzierungsgrund völlig fehlt oder er offensichtlich unter keinem erdenklichen Gesichtspunkt geeignet ist, eine Ungleichbehandlung zu rechtfertigen.

Wissenschaft

Erfasst alle Tätigkeiten, die nach Inhalt und Form als ernsthafter planmäßiger Versuch zur Ermittlung der Wahrheit anzusehen sind und bildet den Oberbegriff für die Gewährleistungen Wissenschaft, Forschung und Lehre in Art. 5 III 1, 2. Fall GG. Das Grundrecht gibt ein Recht auf Abwehr von staatlicher Einwirkung auf den Prozess der Gewinnung und Vermittlung wissenschaftlicher Erkenntnisse und zwar auch ggü. Organen der eigenen Universität.

Wohnung

Wohnung i.S.v. Art. 13 I GG ist jeder Raum, den der Einzelne der allgemeinen Zugänglichkeit entzieht und zum Ort seines Lebens und Wirkens bestimmt.

---

zentralistische Theorie

Herrschender Auslegungsansatz zu Art. 32 III GG, nach dem eine konkurrierende Abschlusskompetenz für völkerrechtliche Verträge zwischen Bund und Ländern besteht, sodass der Bund auch auf den Gebieten völkerrechtliche Verträge abschließen darf, für die eine ausschließliche Gesetzgebungskompetenz der Länder besteht. Gegenauffassung: ⇨ föderalistische Theorie

---

Zusage

Verbindliche Erklärung der Behörde gegenüber dem Bürger eine bestimmte Verwaltungsmaßnahme später vorzunehmen oder zu unterlassen. Die gesetzlich nicht geregelte Zusage darf nicht gegen gesetzliche Verbote verstoßen und bedarf nach h.M. zu ihrer Wirksamkeit der Schriftform. Wird mit der Zusage der spätere Erlass oder Nichterlass eines bestimmten Verwaltungsakts angekündigt, spricht mach von einer ⇨ Zusicherung i.S.d. § 38 VwVfG.

Zusicherung

Verbindliche Erklärung der Behörde, durch die sie sich verpflichtet, einen bestimmten Verwaltungsakt zu erlassen oder zu unterlassen, § 38 VwVfG. Die Zusicherung steht im Ermessen der Behörde und ist selbst Verwaltungsakt. Die Zusicherung muss den Willen der zuständigen Behörde erkennen lassen, einen bestimmten Verwaltungsakt zu erlassen oder zu unterlassen. Ob eine Zusicherung vorliegt, ist durch Auslegung des Willens der Behörde aus der Sicht des Erklärungsempfängers analog § 133 BGB zu ermitteln. Die Zusicherung bedarf zwingend der Schriftform, § 38 I VwVfG.

Zuständigkeit kraft Natur der Sache

Ungeschriebene Gesetzgebungskompetenz zugunsten des Bundes insbes. für Aufgaben, die sich unmittelbar aus dem Wesen und der verfassungsmäßigen Organisation des Bundes ergeben und da eine sinnvolle Regelung dieser Fragen durch die einzelnen Bundesländer zwingend ausgeschlossen ist. Beispiele: PUAG (Gesetz über parlamentarische Untersuchungsausschüsse des Bundestages), VwVfG des Bundes, Erlassänderung oder -ergänzung des GG.

Zuständigkeit kraft Sachzusammenhangs

Ungeschriebene Gesetzgebungskompetenz zugunsten des Bundes, die angenommen wird, wenn die Regelung mit einer der in den Art. 73 oder 74 GG genannten Gebiete in notwendigem und untrennbarem Sachzusammenhang steht und diese nicht geregelt werden kann, ohne dass zugleich eine nicht ausdrücklich zugewiesene Materie mitgeregelt wird. Beispiel: § 81 b, 2. Halbs. StPO im Sachzusammenhang mit dem Strafverfahrensrecht i.S.v. Art. 74 I Nr. 1 GG.

Zuständigkeitsnormen

Dienen dazu, bestimmten Behördeninstanzen (z.B. örtliche Ordnungsbehörde, Kreispolizeibehörde) bestimmte Aufgaben oder die Durchführung bestimmter Gesetze zuzuweisen; sie sind keine Ermächtigungsgrundlage oder Befugnisnorm.

Zustandsstörer

Jede Person, die Eigentümer oder Besitzer einer Sache oder eines Tieres ist, von der oder dem eine Gefahr ausgeht.

Zustellung eines Verwaltungsaktes

Bekanntgabe eines VA in einer gesetzlich geregelten Form. Es gelten das VerwaltungszustellungsG des Bundes sowie, soweit vorhanden, die Landeszustellungsgesetze. Dabei folgen die Regelungen der LandeszustellungsG im Großen und Ganzen den Regelungen des VwZG des Bundes.

Zustimmungsgesetz

Ist die Ausnahme im Gesetzgebungsverfahren im Hinblick auf die Beteiligung des Bundesrates und nur zulässig, wenn das Grundgesetz die Zustimmung durch den Bundesrat ausdrücklich vorschreibt. Beispiele: Art. 74 II, 79 II, 84 I S. 5, 6 GG. Aus Art. 78, 1. Fall GG ergibt sich, dass ein Zustimmungsgesetz nur dann zustande kommt, wenn der Bundesrat ausdrücklich zustimmt.

Zweckveranlasser

Person, die durch ihr Vorverhalten objektiv gefahrerhöhende Risiken setzt, welche sich dann in einem späteren polizei- und ordnungsrechtswidrigen Verhalten eines Dritten realisieren.

Zweitbescheid Verwaltungsakt, der zwar die gleiche Regelung enthält wie ein bereits erlassener Verwaltungsakt, aber als erneute Sachentscheidung nach erneuter Sachprüfung erfolgt ist. Die Abgrenzung zur bloßen Wiederholung des vorherigen Verwaltungsakts erfolgt durch Auslegung.

Notizen

Notizen